Interpretation als Integration

Europäische Hochschulschriften
Publications Universitaires Européennes
European University Studies

Reihe XX
Philosophie

Série XX Series XX
Philosophie
Philosophy

Bd./Vol. 550

PETER LANG
Frankfurt am Main · Berlin · Bern · New York · Paris · Wien

Lie Lien

Interpretation als Integration

Dworkins Philosophie der Rechtsprechung

PETER LANG
Europäischer Verlag der Wissenschaften

Die Deutsche Bibliothek - CIP-Einheitsaufnahme

Lien, Lie:

Interpretation als Integration : Dworkins Philosophie der Rechtsprechung / Lie Lien. - Frankfurt am Main ; Berlin ; Bern ; New York ; Paris ; Wien : Lang, 1997
(Europäische Hochschulschriften : Reihe 20, Philosophie ; Bd. 550)
Zugl.: Trier, Univ., Diss., 1996
ISBN 3-631-31027-7

D 385
ISSN 0721-3417
ISBN 3-631-31027-7

Vorwort

Nach dem Abschluß meines Magisterstudiums im Sommer 1992 versuchte ich, auf der Grundlage meiner Beschäftigung mit der Rechtsphilosophie und der juristischen Methodenlehre ein aktuelles interdisziplinäres Thema für meine Promotion zu finden. Zu dieser Zeit las ich auch das erste Hauptwerk von Dworkin, *Bürgerrechte ernstgenommen*.

Im SS 1993 veranstaltete der Zweitbetreuer dieser Arbeit, Prof. Dr. Gerhard Robbers, im Fachbereich Rechtswissenschaft der Universität Trier ein Seminar über moderne Rechtstheorien, in dem auch Dworkins Grundthesen und ihre einschlägigen Probleme dargestellt und diskutiert wurden. Seither war ich von Dworkins Rechtskonzeption sehr beeindruckt.

Dennoch konnte ich zu jener Zeit immer noch nicht endgültig entscheiden, mit welchem Thema meine Dissertation sich befassen sollte. Ein halbes Jahr später schlug Professor Robbers mir Dworkin als ein mögliches Thema meiner Dissertation vor. Für diesen Ratschlag will ich hier nochmals Professor Robbers herzlich danken und auch dafür, daß ich von ihm sowohl in seinen aufschlußreichen Seminaren als auch in persönlichen Gesprächen immer Klärung über wichtige rechtsphilosophische Ideen und Fragen erhalten konnte.

Mein Erstbetreuer, Professor Dr. Anselm Winfried Müller aus dem Fach Philosophie, zu dessen Spezialgebieten die Philosophie Wittgensteins und die Ethik gehören, ist aus den Tagen seiner Lehrtätigkeit in Oxford mit dem anglo-amerikanischen Rechtsdenken vertraut und hatte früher im Gespräch schon mehrmals Rechtsphilosophen wie Hart, Dworkin, Raz und Finnis erwähnt, die alle in Oxford lehrten oder lehren. Deshalb ging er gerne auf diesen Vorschlag ein.

Professor Müller hat mich mit seinen reichen Kenntnissen in der Sprachphilosophie und der Frage der Wertbegründung bei meiner Auseinandersetzung mit Dworkins Gedanken stark inspiriert. Er hat mich bei der Abfassung der vorliegenden Dissertation auch immer wieder dazu angehalten, durch einen alltagssprachlichen Stil mit möglichst vielen Beispielen eine für philosophische Arbeiten angemessene Ausdrucksweise zu realisieren. Deshalb gilt ihm an dieser Stelle mein besonderer Dank.

Danken möchte ich auch meinen Eltern, die mich während meines langen Studiums in Deutschland immer großzügig unterstützten.

Trier, im August 1997 Lie Lien

Inhaltsverzeichnis

0	**Einleitung**	9
1	**Zwei Besonderheiten von Dworkins Rechtstheorie**	15
1.1	Regionalität	15
1.2	Die Teilnehmerperspektive	24
2	**Das Ideal des lückenlosen Rechtsschutzes**	29
2.1	Die unterschiedlichen Rollen und Funktionen von Justiz und Legislative	29
2.2	Zwei Feinde der Bürgerrechte	34
3	**Die Prinzipienargumentation und ihre Probleme**	45
3.1	Prinzipienermittlung durch Analogie	45
3.2	Verbesserung des Rechtsschutzes ohne Änderung des Rechts	51
3.3	Analogie als Rechtsschöpfung?	55
3.4	Die Bildung der Fallgruppen als der umstrittenste Schritt im retativen Unternehmen	63
4	**Die Bedeutung von Dworkins Right-answer-These**	69
4.1	Die moralische Attraktivität der Right-answer-These	69
4.2	Der Weg der Negation	70

4.3	Die konstruktive Interpretation	79
4.4	Die einzige richtige Antwort im institutionellen Rahmen	87
4.5	Die einzig richtige Antwort als Wertbegründungsfrage	95
5	**Die Konsistenz der amerikanischen Rechtspraxis**	101
5.1	Justiz als Bühne für politischen Streit	101
5.2	Testfall: Sklaverei und Diskriminierung	104
5.3	Verteidigung Dworkins aus der Sicht der interpretativen Betrachtungsweise	109
6.	**Kritische Würdigung unter zwei Aspekten**	125
6.1	Frage nach der Zweckmäßigkeit von Dworkins Rechtskonzeption	125
6.2	Konservatismus	127
6.3	Bemerkung zur Frage des generellen Verbots der richterlichen Rechtsschöpfung	134
6.4	Schlußwort	138
	Verzeichnis der Schriften Ronald Dworkins	141
	Verzeichnis der Sekundärliteratur	141
	Ausführliches Inhaltsverzeichnis	145

0 Einleitung

0.1 Ziele der Untersuchung

> *A great many people have attempted to explain what is wrong with the views of Ronald Dworkin. So many, indeed, that one who read only the critics might wonder why views so widely rejected have received so much attention*[1].

Wenn ich aufgefordert würde, mit einem Satz eine Antwort auf die oben von Regan aufgeworfene Frage zu geben, dann würde ich sagen, daß Dworkin für die Menschen in den modernen demokratischen Rechtssystemen die Hoffnung auf die Verwirklichung eines alten, aber unsterblichen Traumes der Menschheit zu neuem Leben erweckt hat, nämlich des Ideals eines geschlossenen, vollkommenen Rechtssystems zum Schutz der Rechte unter Ausschluß rückwirkender Rechtssetzung.

Die bisherige Erforschung Dworkinscher Rechtstheorie hat sich zwar hauptsächlich im anglo-amerikanischen Rechtskreis ereignet, jedoch schenkt man ihr auch in Deutschland seit vielen Jahren Aufmerksamkeit. Ich hoffe, daß ich als Studierender aus einem fremden Kulturkreis auf der Grundlage meiner Erfahrungen und in einem alltagssprachlichen Stil, der in der neueren Philosophie seine Tradition hat, zur Beantwortung der obigen Frage "What is wrong with Dworkin's views" beitragen kann.

Ich werde in der vorliegenden Arbeit Bezug auf die Auseinandersetzung zwischen Dworkin und seinen Kontrahenten nehmen. In der Literatur wird

---

[1] Donald H. Regan, Glosses on Dworkin: Rights, Principles and Policies, in: Ronald Dworkin and Contemporary Jurisprudence (hrsg. von Marshall Cohen), Totowa (New Jersey): Rowman & Allanheld 1984, S. 119. - Auch Allan C. Hutchinson und John N. Wakefield weisen hierauf hin: "As with any original and provocative work, Dworkin's writings have resulted in a flood of critical responses and rejections. In fact, he has brought into existence a thriving Dworkinian industry. So pervasive has been his influence on contemporary jurisprudence that it seems other jurists must define their own theories in terms of Dworkin's" (A Hard Look at "Hard Cases": The Nightmare of a Noble Dreamer, in: Oxford Journal of Legal Studies, Vol. 2 [1982], S. 86-110; S. 87).

einerseits viel darum gestritten, ob der Schutz der individuellen Rechte, wie Dworkin meint, absoluten Vorrang vor der Förderung des Gemeinwohls hat und ob der Richter die gemeinschaftlichen Interessen nie in Betracht ziehen soll. Die vorliegende Arbeit geht dieser Frage nicht nach, sondern konzentriert sich auf ein anderes umstrittenes Thema, nämlich Dworkins interpretative Technik. Ich versuche in dieser Arbeit insbesondere auf zwei bisher relativ wenig geklärte Probleme einzugehen, nämlich die Prinzipienargumentation im Dworkinschen Sinne als Analogieschluß und die Bedeutung seiner Right-answer-These. Des weiteren werden der Vorwurf des internen Skeptizismus und die Notwendigkeit der richterlichen Rechtsfortbildung untersucht.
Der Beitrag, den ich zur Rechtsphilosophie zu leisten hoffe, ist, kurz gesagt, die Entzauberung des unsterblichen Ideals eines geschlossenen, vollkommenen Rechtssystems in der Jurisprudenz. Ich möchte die Frage beantworten, ob die Juristen um der Rechtssicherheit und des Schutzes der Bürgerrechte willen dieses faszinierende alte Ideal weiter anstreben oder angesichts seiner Unmöglichkeit oder Unzweckmäßigkeit endlich aus diesem Traum erwachen sollen.

0.2 Der Schutz der Rechte im Vordergrund

Unter dem Einfluß der gesellschaftlichen Unruhen in den Vereinigten Staaten während der 60er Jahre rückt die Frage der Bürgerrechte in den Vordergrund von Dworkins wissenschaftlichem Interesse.
Dworkin sagt: "I have been describing ... a theory about how judges should decide cases. It is of course a further question whether American ... judges actually do decide cases that way"[2]. Dworkin übt häufig Kritik an der amerikanischen Rechtspraxis. Er möchte sie nicht einfach beschreiben, sondern ein enthusiastisch angestrebtes Ziel erreichen, nämlich den vollkommenen Schutz der Bürgerrechte durch die Justiz. Dworkin will mit seiner Theorie die amerikanischen Richter davon überzeugen, daß es der Justiz ausschließlich um den Schutz der individuellen Rechte gehen soll, und daß die amerikanischen Richter mithilfe seiner interpretativen Rechtskonzeption "law as integrity" diese Aufgabe gut bewältigen können.

---

2 Ronald Dworkin, "Natural" Law Revisited, in: University of Florida Law Review, Vol. 34 (1982), S. 165-188; S. 173.

0.3 Thematik und Gliederung der Arbeit

Ich möchte im ersten Kapitel darauf hinweisen, daß die Aussagen in Dworkins Rechtstheorie immer mit der rechtlich-politischen Kultur der Vereinigten Staaten im Zusammenhang stehen. Wenn die Leser sich von Anfang an schon der Regionalität von Dworkins Rechtstheorie, die nämlich das amerikanische Recht interpretieren will, bewußt sind, dann lassen sich unnötige Mißdeutungen von Dworkins Thesen vermeiden.
Die rechtlich-politische Kultur der Vereinigten Staaten hat die folgenden Eigenschaften: Das amerikanische Recht gehört zur Familie des Fallrechtssystems. Dennoch besitzt das amerikanische Recht im Unterschied zu Großbritannien eine geschriebene Verfassung, in der der Schutz der Menschenrechte als Staatsziel explizit enthalten ist. Zudem wurden die Vereinigten Staaten erst vor 220 Jahren von europäischen Auswanderern gegründet, seit welcher Zeit auch ihr politisches System besteht. Das ist ein wesentlicher Unterschied zu den europäischen Staaten. Deshalb berücksichtige ich, wenn ich mich nachher über Dworkins Rechtstheorie äußere, immer die o.g. speziellen Hintergründe der Vereinigten Staaten. Dementsprechend werden meine Bemerkungen über Dworkins Rechtstheorie die Lehren derjenigen Rechtsdenker *nicht* betreffen, die Dworkins Rechtstheorie modifizieren und sie dem Rechtssystem irgendeines anderen Landes anpassen wollen.
Im zweiten Kapitel beginne ich mit der systematischen Erörterung von Dworkins Gedanken. Entscheidend für den Schutz der Bürgerrechte ist nach Dworkins Verständnis, daß der Teilnehmer eines Gerichtsprozesses in jedem Rechtsfall kraft des existierenden Rechts die ihm zustehenden Rechte beanspruchen kann. Dies bedeutet, daß der Richter verpflichtet ist, in jedem Rechtsprozeß nur kraft des existierenden Rechts zu urteilen, und daß er niemals rückwirkend rechtsprechen darf. Ansonsten würden sowohl das demokratische Prinzip der Gewaltenteilung als auch die Rechtssicherheit verletzt.
Aber diese Behauptung scheint vorauszusetzen, daß das amerikanische Recht alle sich in Zukunft noch ereignenden Fälle bereits vorhergesehen bzw. geregelt hätte. Dagegen meint der Konventionalismus, der eine rechtspositivistische Auffassung vertritt, daß diese Voraussetzung, d.h. die Lückenlosigkeit des amerikanischen Rechts, nicht erfüllt ist und auch in der Zukunft nicht erfüllt werden kann. Daneben behauptet der Pragmatismus, dem eine utilitaristische Ethik zugrunde liegt, daß die Idee des Schutzes der individuellen Rechte in der Justiz

überhaupt nicht wünschenswert und nur kontraproduktiv sei im Blick auf die Interessen der Gemeinschaft.
Dworkin behauptet, daß die beiden o.g. Konzeptionen die politische Kultur der Demokratie, nämlich das Gebot der richterlichen Bindung an das Recht, mißachten; sodann erklärt er uns die verheerenden Folgen dieser beiden Rechtskonzeptionen im Hinblick auf den Schutz der Bürgerrechte.
Aber wenn Dworkin die Konstruktion einer Rechtstheorie in Angriff nehmen will, "in der die Grundrechte des Einzelnen sich gegen die Erosion durch rechtspositivistische oder utilitaristische Legitimationsmuster behaupten können, ohne dabei ein Arsenal ewiger Rechte zu Hilfe zu nehmen"[3], dann muß er uns davon überzeugen, daß das amerikanische Recht auf der Grundlage einer interpretativen Konzeption als ein lückenloses Rechtssystem gehandhabt werden könnte. Dies ist nach Dworkin wegen der Existenz von "Rechtsprinzipien" im amerikanischen Recht möglich.
Im dritten Kapitel wird daher erläutert, wie sich die Prinzipienargumentation vollzieht. Ich werde darauf hinweisen, daß die Prinzipienargumentation bei Dworkin eigentlich ein Analogieschluß ist und daß sie sich demzufolge alle Probleme der analogischen Methode zuzieht.
Um die Bürgerrechte zu schützen, reicht es nicht aus, daß der Richter sein Urteil aufgrund des existierenden Rechts fällt. Dworkins noch strengere Bedingung ist, daß der Richter in jedem Rechtsprozeß kraft des existierenden Rechts nur ein bestimmtes Urteil fällen kann. Nur wenn das Recht als solches für jeden Rechtsfall nur eine einzige Lösung anbietet, kann jede Partei im Rechtsprozeß beanspruchen, daß der Prozeß auf entweder diese oder jene Weise zu entscheiden ist und ihr deswegen *bestimmte präexistierende* Rechte zustehen. Das ist die bekannte Right-answer-These von Dworkin[4].
In der Literatur werden immer wieder Zweifel daran geäußert, ob ein Richter durch Dworkins interpretative Konzeption in jedem Rechtsfall zur einzigen richtigen Antwort gelangen kann. "Diese sogenannte *right-answer thesis* gehört zu seinen am heftigsten umstrittenen Thesen"[5]. Eine der am häufigsten vertretenen

---

[3] Ronald Dworkin, Bürgerrechte ernstgenommen (weiter zitiert als "Bre"), übers. von Ursula Wolf, Frankfurt a. M.: Suhrkamp 1990, Klappentext.

[4] Vgl. Bre, S. 180 und S. 448 f.

[5] Claudia Bittner, Recht als interpretative Praxis - Zu Ronald Dworkins allgemeiner Theorie des Rechts (weiter zitiert als "RaiP"), Schriften zur Rechtstheorie, Heft 131, Berlin: Duncker & Humblot 1988, S. 215.

Auffassungen ist, daß es Dworkins Methode zufolge statt einer einzigen richtigen Antwort nur "different answers" oder "different 'subjective' reactions" verschiedener Richter geben könne[6].

Die Right-answer-These, die vielen Wissenschaftlern unverständlich erscheint und von ihnen als Mythos kritisiert wird, hat für eine endlose Serie von Mißverständnissen und Streitigkeiten gesorgt. Solange man sich die Bedeutung der Right-answer-These nicht klar gemacht hat, entgeht man der Verwirrung nicht. Deshalb werde ich im vierten Kapitel tiefer in diese Frage eindringen und zeigen, daß sich die Right-answer-These letztendlich auf John Rawls' Methode des "reflective equilibrium" stützt.

Im fünften Kapitel erörtere ich, ob Dworkins interpretative Rechtskonzeption angesichts der Wirklichkeit in der Geschichte der amerikanischen Rechtspraxis überhaupt vertretbar ist oder nicht. Der "interne Skeptizismus" hegt Zweifel daran, ob sich die bisherige Rechtspraxis der amerikanischen Justiz, die voller Inkonsistenzen, Widersprüche, Fehler und Korrekturen ist, auf konsequente Weise interpretieren läßt. Nach der Analyse von Dworkins Auseinandersetzung mit dem internen Skeptizismus werden die Strategie von Dworkins Rechtskonzeption wie auch ihre Grenzen noch einmal genauer betrachtet. Dann können wir die letzte Frage beantworten, ob nämlich Dworkins Rechtstheorie, die ihrem eigenen Anspruch nach die Bürgerrechte auf die bestmögliche Weise schützen will, ihr Ziel erreicht oder verfehlt hat.

---

6 Ronald Dworkin, Law's Empire (weiter zitiert als "LE"), Cambridge (Massachusetts): Harvard University Press 1986, S. viii; Ronald Dworkin, A Matter of Principle (weiter zitiert als "MP"), Cambridge (Massachusetts): Harvard University Press 1985, S. 168.

1 Zwei Besonderheiten von Dworkins Rechtstheorie

1.1 Regionalität

1.1.1 Das Widerstandsrecht als Prüfstein: Moralische oder institutionelle Berechtigung?

Es erscheint mir nicht unproblematisch, daß manche Wissenschaftler Dworkins interpretative Rechtstheorie als eine naturrechtliche Konzeption bezeichnen.
Trotz zahlreicher Varianten der Naturrechtslehre ist "diesen als 'Naturrecht' bezeichneten (rechts-)philosophischen Ideen die Behauptung der Existenz von materialen Rechtswerten [gemeinsam], die unabhängig vom positiven Recht diesem als Maßstab seiner Legitimität oder Gültigkeit gegenübergestellt werden können. In dieser Weite seines Inhalts bezeichnet der Begriff 'Naturrecht' nichts weiter als den selbstverständlichen Tatbestand, daß in jedem entwickelten Rechtssystem die reine Positivität des Rechts nicht zu seiner Legitimation ausreicht, sondern an das positive Recht gewisse außerpositive Maßstäbe angelegt werden und das positive Recht von daher kritisiert, z.T. nicht anerkannt ... wird"[1].
Um zu beurteilen, ob Dworkins Rechtskonzeption eine Naturrechtslehre in diesem Sinne ist, nehme ich die Frage des *allgemeinen* Widerstandsrechts als Prüfstein[2]. Wenn Dworkins Theorie behauptete, daß die Bürger in einem

---

1 Wolf Rosenbaum, Naturrecht und positives Recht, Neuwied und Darmstadt: Hermann Luchterhand 1972, S. 14.

2 Die Tatsache, daß Dworkins Theorie von manchen Autoren für eine Naturrechtslehre gehalten wird, hängt mit den spezifischen Inhalten von Dworkins Rechtskonzeption zusammen, die erst im Verlauf dieser Arbeit erläutert werden können. Deshalb verneine ich hier am Anfang der Arbeit den naturrechtlichen Charakter von Dworkins Rechtskonzeption anhand der Frage des allgemeinen Widerstandsrechts. Die Gründe der falschen Zuordnung sollen im Laufe der folgenden Darstellung von Dworkins Theorie deutlich werden.
Joseph Raz meint, daß Dworkins Rechtskonzeption drei Thesen verteidigen will. Die erste von ihnen ist "[t]he Natural Law Thesis: what is law and what is not ... depend ... on what is moral and what is not (Professor Dworkin's Theory of Rights, in: Political Studies, Vol. 26 [1978], S. 123-137; S. 133).

Unrechtsregime kraft der *außerpositivrechtlichen* Maßstäbe Widerstand gegen die ungerechten Gesetze der Regierenden leisten dürfen, dann hätte Dworkin wirklich eine naturrechtliche Konzeption konstruiert.
Will Dworkin aber wirklich in seiner Lehre begründen, daß der Mensch, unabhängig davon, in welchem Staat er lebt, immer ein Widerstandsrecht gegen das Unrecht der Herrscher hat, oder will er nur behaupten, daß die amerikanischen Bürger *kraft des amerikanischen Rechts* Rechte gegen rechtswidrige Handlungen des Staates haben?
Dworkin schreibt: "Politische Rechte sind Geschöpfe sowohl der Geschichte als auch der Moral: was ein Individuum in der bürgerlichen Gesellschaft zu haben berechtigt ist, hängt sowohl von der Praxis als auch von der Gerechtigkeit ihrer politischen Institutionen ab"[3]. Dieser Satz kann Anlaß zu der besorgten Frage geben, ob Dworkin der Ansicht ist, daß Bürger in solchen Ländern, deren politische Institutionen die Menschenrechte nicht achten, nicht berechtigt sind, Widerstand gegen den Tyrannen zu leisten. Diese Meinung dürfte der Gerechtigkeitsvorstellung der meisten Menschen widersprechen.
Nach sorgfältigem Suchen in Dworkins Hauptwerk "Bürgerrechte ernstgenommen" kann man aber doch an einer Stelle Dworkins Haltung gegenüber dem *allgemeinen* Widerstandsrecht festmachen. Dworkin äußert sich bejahend, aber kurz über das allgemeine Widerstandsrecht: "Die Frage, ob Bürger *irgendwelche* moralischen Rechte gegen ihren Staat haben, steht selbst nicht in Zweifel. Daß sie

---

Was Raz über den Inhalt dieser These sagt, erscheint mir richtig. Aber ich finde es unangemessen und unnötig, diese These als "Natural Law Thesis" zu bezeichnen, weil der Inhalt der ersten These im Kontext von Dworkins Lehre eine eigentümliche Bedeutung hat, die wenig mit irgendeiner Art von überkommener Naturrechtslehre zu tun hat (vgl.1.1.3 und 1.1.4).
Winfried Brugger bezeichnet Dworkins Forderung an jeden Richter, mit seiner eigenen Moraltheorie das vorhandene Rechtsmaterial zu interpretieren, als einen "naturrechtlichen Kern" in Dworkins Theorie (Rezension zu Dworkins 'Bürgerrechte ernstgenommen', in: ARSP [1985], S. 123-128; S. 124).
Dworkin selbst will keine Naturrechtslehre konzipieren. Trotzdem meint Ota Weinberger, daß Dworkin selbst durch die Anerkennung der "Prinzipien" als Bestandteile des Rechts seine Lehre als eine naturrechtliche Konzeption verstehe. Der Rechtspositivismus erkennt nur Regeln als Recht an, "während Rechtsprinzipien und andere Momente, welche keine Rechtsregeln sind, als Determinanten der Entscheidung anzuerkennen, eine naturrechtliche Konzeption darstelle" (Die Naturrechtskonzeption von Ronald Dworkin, in: Das Naturrechtsdenken heute und morgen - Gedächtnisschrift für René Marcic, Berlin: Duncker & Humblot 1983, S. 503).

3 Bre, S. 153.

einige solche Rechte haben, scheinen alle Seiten zu akzeptieren"[4]. Die Menschen sind berechtigt, Widerstand gegen die Untaten der Herrscher zu leisten, unabhängig davon, ob das Rechtssystem, in dem sie leben, gerecht oder ungerecht ist.

1.1.1.1 Die Abgrenzung von Dworkins Fragestellung

Dennoch fügt Dworkin unverzüglich hinzu, daß dieses Problem zum Glück "uns" nicht betreffe und "wir" außerdem noch stolz darauf sein könnten, daß es "hier" kein solches Problem gebe. "Für ... Juristen und Politiker ist es ein Grund zum Stolz, daß unser Rechtssystem ... individuelle Rechte ... anerkennt. Ihre Behauptung, daß unser Recht Achtung verdiene, gründen sie zumindest teilweise auf diese Tatsache, denn sie würden nicht die These vertreten, daß totalitäre Systeme dieselbe Loyalität verdienen"[5].
Es ist zwar klar, daß ein Unrechtssystem nach Dworkin nicht wie ein gerechtes Rechtssystem die Loyalität der Bürger verdient und ein Widerstandsrecht auf außerrechtlicher Grundlage von Dworkin nicht bestritten würde, jedoch will er sich als Wissenschaftler eines demokratischen Landes nicht mit dieser Frage befassen: "Es geht mir in diesem Essay nicht darum, die These zu verteidigen, daß Bürger moralische Rechte gegen ihren Staat haben; vielmehr möchte ich untersuchen, welche Implikationen diese These für jene hat, die erklären, daß sie sie akzeptieren, wozu auch die gegenwärtige Regierung der Vereinigten Staaten gehört"[6].
Dworkin *persönlich* ist also kein Gegner eines Widerstandsrechts, das sich - auch in einem Unrechtssystem - aus moralischen Gründen herleitet. Dennoch interessiert er sich nicht für die Konzipierung einer Naturrechtslehre.
Woraus ist die falsche Zuordnung von Dworkins Rechtstheorie entstanden?

1.1.2 Ursachen der Mißdeutung

Die falsche Zuordnung von Dworkins Rechtstheorie kann sich leicht aus seinen mißverständlichen Aussagen ergeben.

---

4 Ebd., S. 303.
5 Ebd., S. 303.
6 Ebd., S. 303 f.

Erstens: Dworkin gebraucht oft den Ausdruck "moralische Rechte gegen den Staat" und weitere ähnliche Ausdrücke, als ob sich die Rechtfertigung des Ungehorsams in seiner Theorie direkt auf die Moral berufen könnte[7]. Z.B. formuliert er: "Hat ein Amerikaner jemals das moralische Recht, ein Gesetz zu brechen?"[8].
Zweitens: Auch Dworkins Äußerungen über die Justiz klingen nach einer Art naturrechtlicher Konzeption. Er betont immer wieder, daß die Richter ohne Berufung auf die Moral mit vielen Fällen nicht fertig werden. Z. B. weist er darauf hin, daß in manchen bahnbrechenden Urteilen des Obersten Gerichtshofs die Entscheidungen aufgrund moralischer Erwägungen getroffen wurden. "In diesen dramatischen Fällen gibt der Oberste Gerichtshof Gründe an - er führt keine Gesetzesbestimmungen an, aber er beruft sich auf Prinzipien der Gerechtigkeit und Politik"[9].
Drittens: Was das Wesen der Rechtswissenschaft anbelangt, legt Dworkin Nachdruck auf die untrennbare Beziehung zwischen Moral und Recht. Der "Rechtswissenschaft bleibt ... die Aufgabe, die Brücken zwischen der Rechtstheorie und der Moraltheorie zu errichten ..."[10].
Diese Aussagen gehen jedoch vom Hintergrund der Rechtskultur der Vereinigten Staaten aus, die sich zum Schutz der Bürgerrechte bekannt haben, und müssen in diesem Kontext verstanden werden, sonst ist das Mißverständnis unvermeidlich.

1.1.3 Rechte durch Institutionen der Vereinigten Staaten

Angesichts der Verwirrung bei der Zuordnung von Dworkins Rechtstheorie will ich den spezifischen Hintergrund seiner Theorie in den Vordergrund stellen, nämlich die Rechtskultur der modernen demokratischen Staaten.
Dworkin will in seiner Theorie niemals außerrechtliche Maßstäbe - etwa das sogenannte Naturrecht - an das amerikanische Recht anlegen, um es zu kritisieren. Damit unterscheidet sich seine Auffassung wesentlich von der Naturrechtslehre.

---

[7] Ebd., S. 248, 251, 303 f. und 314.
[8] Ebd., S. 306.
[9] Ebd., S. 26.
[10] Ebd., S. 40.

Er unterscheidet zwei Arten von Rechten, nämlich Hintergrundsrechte bzw. die Rechte aus rein moralischer Berechtigung und institutionelle Rechte[11]. Dworkin betont: "Die konkreten Rechte, auf die sich Richter stützen, müssen ... zwei ... Merkmale haben. Es muß sich um institutionelle, nicht um Hintergrundsrechte handeln, und es muß sich um juristische und nicht eine andere Form institutioneller Rechte handeln"[12].

Mit dem Begriff "institutionelle Rechte" ist die Gesamtheit der vom ganzen Rechtssystem gewährten Rechte gemeint. Z.B. hat das Parlament das Recht, Gesetze zu erlassen. Der Präsident hat als Staatsorgan das Recht, den Ausnahmezustand zu erklären. Der Polizist hat als Beamter das Recht, einen Verbrecher zu verhaften. All dies geschieht nach dem Recht bzw. aus rechtlicher Berechtigung. Unter den verschiedenen institutionellen Rechten sind die "juristischen Rechte" diejenigen, die die *Individuen* im Gerichtssaal kraft des existierenden Rechts beanspruchen können. Die von der Verfassung gewährten Grundrechte sind Grundlage der juristischen Rechte.

Wichtige Hintergrundsrechte sind nach Dworkin schon von der Verfassung der Vereinigten Staaten aufgenommen und dadurch sozusagen institutionalisiert worden. Wenn der Staat Unrecht tut, handelt er nicht nur unmoralisch, sondern gleichzeitig rechtswidrig bzw. verfassungswidrig. Wenn die Bürger sich gegen ungerechte Maßnahmen des Staates wehren oder nach einem staatlichen Eingriff in ihre Rechte Wiedergutmachung vom Staat verlangen wollen, können sie sich also immer auf das amerikanische Recht berufen. Dworkin erklärt: "Ich habe gesagt, daß in den Vereinigten Staaten Bürger ... bestimmte Grundrechte gegenüber ihrem Staat haben, bestimmte moralische Rechte, die von der Verfassung zu juristischen Rechten gemacht wurden"[13]. "Die amerikanische Verfassung und insbesondere die *Bill of Rights* ist dazu bestimmt, individuelle Bürger und Gruppen gegen bestimmte Entscheidungen zu schützen ..."[14].

Raz bemerkt mit Recht: "... the institution's practices or ideology allow individuals to refer to background morality within the institutional framework"[15]. Dworkin weist darauf hin, "daß in der amerikanischen Verfassung rechtliche

---

[11] Vgl. ebd., S. 15.

[12] Ebd., S. 175.

[13] Ebd., S. 313.

[14] Ebd., S. 225.

[15] Raz, Professor Dworkin's Theory of Rights (wie Anm. 2), S. 134.

und moralische Fragen verschmolzen werden ..."[16]. "Die Verfassung verschmilzt rechtliche und moralische Fragen, indem sie die Geltung eines Gesetzes von der Antwort auf komplexe moralische Probleme abhängig macht, zum Beispiel auf das Problem, ob ein bestimmtes Gesetz die wesentliche Gleichheit aller Menschen achtet"[17]. Deshalb unterscheidet sich die Legitimität des Gesetzes in den Vereinigten Staaten nicht von der Legalität bzw. der Verfassungsmäßigkeit des Gesetzes, denn die amerikanische Verfassung hat nach Dworkin alle wichtigen Moralwerte rezipiert. Durch diese Rezeption der Moral in die amerikanische Verfassung, mit der alle als gültig zu betrachtenden untergeordneten Gesetze bzw. Urteile übereinstimmen müssen, ist das Recht der Vereinigten Staaten eine moralisch qualifizierte Ganzheit geworden. Herbert L. A. Hart sagt: "In some systems, as in the United States, the ultimate criteria of legal validity explicitly incorporate principles of justice or substantive moral values ..."[18]. Brugger nennt dieses Phänomen in modernen demokratischen Staaten die "Rezeption des Sozialethos in das Verfassungsethos"[19].

Die Situation läßt sich anhand der folgenden Bemerkung von James W. Nickels am besten erklären: "... [because] Dworkin holds that the most important moral rights are institutionalized in our law and Constitution, appeals to background rights are not important for an American judge. Within American legal materials, and especially the Constitution, Dworkin seems to be able to find every moral right to which a judge might wish to appeal, and hence it is not necessary for the judge to worry about the issue of conflicts between natural and positive

---

16 Bre, S. 323.

17 Ebd., S. 304.

18 Herbert L. A. Hart, The Concept of Law, Oxford: Oxford University Press ^{2}1972, S. 199.

19 Brugger, Rezension zu "Dworkins Bürgerrechte ernstgenommen" (wie Anm. 2), S. 124. - Offensichtlich findet Dworkins neuartige Rechtskonzeption bei denjenigen Juristen viel Zustimmung, die wie Dworkin auf die politische Kultur ihres demokratischen Landes stolz sind. Z.B. spiegeln Ralf Dreiers Aussagen eine gleichartige Mentalität wider: "[Das] Grundgesetz [hat] praktisch alle relevanten moralisch-politischen Basisprinzipien als Verfassungsprinzipien dem positiven Recht inkorporiert ..." (Recht - Staat - Vernunft, Frankfurt a. M.: Suhrkamp 1991, S. 107). Jeder Bürger in der Bundesrepublik "ist durch ein lückenloses Grundrechtssystem und ein nahezu lückenloses Rechtssystem gegen den Mißbrauch staatlicher Gewalt geschützt" (S. 36). "Das Problem der Gerechtigkeit des Rechts ist zum Problem der Verfassungsmäßigkeit der Gesetze geworden" (S. 36). "Halten wir fest: Niemand braucht sich in der Bundesrepublik auf überpositives Recht zu berufen" (S. 37).

law. Indeed, Dworkin is able to endorse 'institutional autonomy', which forbids direct appeals by judges to background rights ..."[20].

1.1.4 Vertrauen in den gerechten Charakter des Staates

In einem Unrechtsregime mit ausschließlich perversen und menschenverachtenden Gesetzen sind die "Hintergrundsrechte" die einzige Grundlage für den Anspruch der Bürger auf Rechte. In einem solchen Rechtssystem ist die Berufung auf die überpositivrechtliche Gerechtigkeit im Hinblick auf den Schutz der Bürgerrechte theoretisch von entscheidender Bedeutung - praktisch nur nach einem politischen Umsturz (wie im Fall der Nürnberger Prozesse).
Dagegen wird aus den obigen Ausführungen verständlich, warum das Naturrecht vielen Wissenschaftlern in demokratischen Ländern seit langem nicht einmal mehr als ein aktuelles Thema erscheint.
In solchen Rechtssystemen ist die Rechtfertigung des Anspruchs auf Rechte immer eine legale oder *innerrechtliche* Frage. Deshalb wollen die Wissenschaftler nur vom Gesichtspunkt der Bürger aus darüber diskutieren, wie jeder Bürger kraft des existierenden Rechtsmaterials Anspruch auf alle moralisch erwünschten Rechte erheben kann, vorausgesetzt, er ist glücklicherweise "in komplizierten Rechtssystemen wie denjenigen, die in den Vereinigen Staaten und Großbritannien in Kraft sind", geboren worden[21].
Vom Standpunkt des Staates aus will Dworkin erörtern, wie der Staat, der ja eigentlich die Bürgerrechte achten und schützen will, laut eigenen Rechtsbestimmungen handeln soll. "Am Anfang dieses Essays sagte ich, ich wolle zeigen, was ein Staat tun muß, der erklärt, er würde individuelle Rechte anerkennen"[22]. Um die Bürgerrechte zu schützen, ist z.B. in den Vereinigten Staaten die Berufung auf die außerpositivrechtlichen Maßstäbe unnötig.

---

[20] James W. Nickel, Dworkin on the Nature and Consequences of Rights, in: Georgia Law Review, Vol. 11 (1977), S. 1115-1142; S. 1133.

[21] Bre, S. 91.

[22] Ebd., S. 334. - Das Wort "anerkennen" soll bedeuten, daß sich der Staat nicht nur zum Schutz der individuellen Rechte bekannt hat, sondern daß er auch tatsächlich für sie eintreten will.
Heute haben viele Unrechtsregimes auch eine vornehm klingende Verfassung, die den Bürgern jedoch nichts nützt. In diesem Fall ist es völlig unklar, ob Widerstand als eine Handlung aus rein moralischer Berechtigung oder als eine rechtmäßige Handlung zum Schutze der Verfassung gelten soll. Vom Gesichtspunkt des Gesetzbuches aus dürfen die Bürger ihren

Wie groß ist doch der Unterschied zwischen Rechts- und Unrechtsstaaten! Man kann unter Politikern und Bürgern in den westlichen demokratischen Ländern sehr deutlich ihre hohe Zufriedenheit mit ihrer Rechtspraxis und, wie Dworkin sagt, ihren "Stolz" auf das gesamte Rechtssystem spüren[23].
Es muß auch zugegeben werden, daß das Rechtsleben in diesen Ländern auf einem völlig anderen Niveau als in den diktatorisch beherrschten Ländern liegt. Viele Deutsche würden nichts dagegen einwenden, daß die Bürger nach Radbruch Widerstand gegen dasjenige Gesetz leisten sollen, dessen "Widerspruch ... zur Gerechtigkeit ein ... unerträgliches Maß erreicht" hat und das von vornherein die "Gerechtigkeit nicht einmal erstrebt"[24]. Doch begegnet man hier kaum solchen Gesetzen, die z.B. von vornherein nur zur Aufrechterhaltung der Diktatur, zur Bereicherung der Regierenden oder zur grausamen Unterdrückung von Dissidenten dienen.

1.1.4.1 Ein Zweck, aber unterschiedliche Mittel

Aus dem letzten Unterabschnitt kann hier der folgende vorläufige Schluß gezogen werden: Man kann ohne Rücksicht auf die unterschiedlichen Verhältnisse in den verschiedenen politischen Kulturen überhaupt nicht auf sinnvolle Weise darüber diskutieren, welche Art von Rechtskonzeption an sich gut ist. Es kommt darauf an, in welchem Rechtssystem man lebt.
Bodenheimer weist auf den nie endenden Streit um zwei antagonistische Konzeptionen der Rechtspraxis hin, aus dem sich ein bis heute ungelöstes Problem der Rechtsphilosophie ergibt. "From the beginnings of civilization to the present day, individuals concerned with the proper organization of human affairs have not ceased to debate a question which is of utmost importance to the well-being of any society. It is the question whether judges ... should be required to follow strict and well-defined rules, announced in advance of litigated events, in order

---

Anspruch kraft des positiven Rechts erheben. Dennoch ist fraglich, ob das Recht eines solchen Staates wegen einer vornehm formulierten, aber im Gerichtssaal nie praktizierten Verfassung als eine gerechte Institution betrachtet werden soll. Wenn die Rechtsinstitution die von ihr selbst schriftlich anerkannten Rechte nicht schützen will, dann leisten die Bürger de facto nur aus moralischer Berechtigung Widerstand gegen sie.

23 Ebd., S. 303.

24 Gustav Radbruch, Gesetzliches Recht und übergesetzliches Recht, in: Rechtsphilosophie (hrsg. von Erik Wolf und Hans-Peter Schneider), Stuttgart: K. F. Koehler ^{8}1973, S. 345 f.

to insure consistency and predictability of adjudication, or whether they should be accorded a far-reaching measure of decisional freedom in order to achieve a just result meeting the needs of each individual case"[25].

Aber dieses Dilemma ist m.E. nur ein scheinbares, weil die beiden angeblich antagonistischen Konzeptionen der Rechtspraxis für zwei unterschiedliche Situationen ein und dasselbe Ideal verwirklichen wollen, nämlich den Rechtsschutz der Bürger.

Wenn wir vom Rechtssystem eines Unrechtsregimes sprechen, dann ist die erste Konzeption wenig sinnvoll und also nicht gangbar, weil sie statt für Rechtssicherheit nur für eine Sicherheit des Unrechts sorgt.

Wenn man jedoch im Rechtssystem der Vereinigten Staaten lebt, liegt die Voraussetzung für die Praxis der ersten Konzeption vor. Wegen der Übernahme der richtigen Moralwerte in das vorhandene Rechtssystem schadet der Verzicht auf eine direkte Berufung auf außerrechtliche Moralmaßstäbe dem Schutz der Bürgerrechte kaum. Außerdem bringt die daraus folgende Rechtsprechung dadurch, daß sie sich ausschließlich auf dem Boden des existierenden Rechts bewegt, noch einen weiteren Vorteil, nämlich Rechtssicherheit.

1.1.4.2 Eine Rechtstheorie für das Hier und Jetzt

Wenn Dworkin meint, daß sich die gerechte Rechtsprechung nach seiner Theorie immer durch Handhabung des existierenden Rechts allein vollziehen läßt, so ist er sich der Grenze bzw. der Regionalität seiner Rechtstheorie vollkommen bewußt. Er erklärt: "I am defending an interpretation of our own political culture, not an abstract and timeless political morality"[26]. Vom dritten Kapitel an wird dargestellt, wie sich alle moralisch wünschenswerten Rechte nach Dworkins Konzeption aus der Interpretation des amerikanischen Rechts ergeben können. Eine solche Rechtstheorie, die bei der Interpretation des vorhandenen Rechtsmaterials gleichzeitig moralische Richtigkeit beanspruchen will, legt ein gerechtes Rechtssystem zugrunde.

In einem Unrechtssystem kann man dagegen von Dworkins interpretativer Rechtslehre keinen Gebrauch machen. Er selbst sagt deutlich: "The question of

---

[25] Edgar Bodenheimer, Hart, Dworkin, and the Problem of Judicial Lawmaking Discretion, in: Georgia Law Review, Vol. 11 (1977), S. 1143-1172; S. 1143.

[26] LE, S. 216.

wicked legal systems is not a ... question at all in the sense we have developed as appropriate for interpretive enterprises"[27]. Eine interpretative Konzeption kann "never provide any justification at all" für ein ungerechtes Rechtssystem[28]. Angesichts dieses regionalistischen Charakters von Dworkins Rechtstheorie zieht Bittner den richtigen Schluß: "Da die Rechtspraxis als ganze Gegenstand dieser Interpretation ist und Dworkin sich die amerikanische und englische Rechtspraxis zum Material nimmt, beansprucht seine allgemeine Theorie des Rechts Allgemeinheit nicht im Sinne von genereller Gültigkeit für alle Rechtssysteme. Sie ist vielmehr als Interpretation auch nur der genannten Rechtssystem zu verstehen"[29].

Zweifellos ist eine solche regionalistische Rechtsauffassung eine Rechtstheorie für das Hier und Jetzt, die aus der langjährigen hohen Zufriedenheit mit der bisherigen Rechtspraxis in einem demokratischen Land resultiert. Es ist unvermeidlich und verständlich, daß Philosophen eine Philosophie ihrer Zeit und ihres Ortes betreiben.

Der Hinweis auf die regionalistische Eigenschaft von Dworkins interpretativer Theorie ist keine Abwertung, denn die Wahl des geeigneten Mittels zur Verwirklichung der Gerechtigkeit kann nur mit Rücksicht auf die jeweilige reale Situation richtig getroffen werden.

1.2 Die Teilnehmerperspektive

Eine bekannte Eigenschaft von Dworkins Rechtstheorie ist, daß er die Phänomene des Rechts vom Gesichtspunkt des Richters und des vorhandenen Rechtsmaterials aus erläutert. M.E. führt Dworkin drei Gründe für die Angemessenheit dieser Betrachtungsweise an.

---

[27] Ebd., S. 108.

[28] Ebd., S. 105.

[29] Bittner, RaiP, S. 14. - Dazu vgl. auch die Anm. 79 des vierten Kapitels.

1.2.1 Die überwiegende Wichtigkeit der Justiz

Der erste Grund liegt darin, daß Dworkin von der unvergleichlichen Wichtigkeit der Justiz im Hinblick auf den Schutz der Bürgerrechte fest überzeugt ist. Am Anfang von "Law's Empire" betont er wiederholt und mit Nachdruck diese Meinung. "No department of state is more important than our courts"[30]. "People often stand to gain or lose more by one judge's nod than they could by any general act of Congress or Parliament"[31].

Diese Meinung als solche trifft in vielen, wenn nicht in allen, Fällen zu.

Außerdem verfügt ein *jedes* Gericht in den Vereinigten Staaten über das "richterliche Prüfungsrecht" (Judicial Review). Der Richter kann also von der Legislative erlassene, aber von ihm als verfassungswidrig befundene Gesetze in seinem Prozeß außer Kraft setzen.

Dieses richterliche Prüfungsrecht im US-amerikanischen Justizsystem, das in Großbritannien unvorstellbar ist und das im heutigen deutschen Rechtssystem ausschließlich den Richtern des Bundesverfassungsgerichts zusteht, bedeutet, daß ein sehr großer Teil der staatlichen Macht in den Vereinigten Staaten den Richtern übertragen ist. Der Einfluß der Richter auf das Leben der Bürger ist in den Vereinigten Staaten im Vergleich zu anderen Ländern offenbar sehr stark.

Man kann nicht ignorieren, daß dieser Hintergrund Dworkin als Amerikaner zu seiner eigenartigen Betrachtungsweise geführt und seine Denkweise überhaupt entscheidend geprägt hat.

1.2.2 Die Argumentation des Richters bestimmt das Recht

Der zweite Grund ist von großer philosophischer Bedeutung und zugleich die grundlegende Idee von Dworkins interpretativer Rechtskonzeption überhaupt, die später in dieser Arbeit ausführlich erläutert wird. Dworkin ist davon überzeugt, daß man nur als ein Praktiker der rechtlichen Institution diese Institution tatsächlich verstehen kann. Nur diejenigen, die in der Institution des Rechts argumentieren und das Recht interpretieren, können tatsächlich sagen, was das Recht ist.

---

30 LE, S. 11.

31 Ebd., S. 1.

Dworkin behandelt schon am Anfang von *Law's Empire* diese wesentliche Frage und geht von folgendem aus: Was das Recht im jeweiligen Rechtsfall ist, d.h. was das Recht vorschreibt oder was die "Bestimmungen des Rechts" ("propositions of law") umfassen[32], ist auf die von den Richtern gewählten juristischen Methoden, z.B. eine teleologische Auslegung oder eine strenge Wortexegese oder Dworkins Idee des "Rechts als Integrität" angewiesen. Das anzuwendende Recht für jeden Rechtsfall ist jeweils *nach* der Argumentation bzw. der Interpretation des Richters festzustellen. Der Richter soll angesichts jedes einzelnen Falles nach seiner Argumentation die Frage beantworten: "What is the law on this point?"[33].

Deshalb beharrt Dworkin auf dem Primat der internen Betrachtungsweise und bekräftigt die Untauglichkeit der externen bzw. geschichtlich-soziologischen Betrachtungsweise. Er erklärt: "This book takes up the internal, participants' point of view; it tries to grasp the argumentative character of our legal practice by joining that practice ..."[34]. Dworkin glaubt: "... the historian cannot understand law as an argumentative social practice ..., until he has participant's understanding, until he has his own sense of what counts as a good or bad argument within that practice"[35]. Er unternimmt also eine "Interpretation der Institution von innen heraus"[36].

1.2.3 Der innerrechtliche Maßstab der Richtigkeit

Nun wende ich mich Dworkins drittem Grund für die Ablehnung der externen Betrachtungsweise zu, der nach meiner Erörterung von Dworkins Rechtstheorie im vierten Kapitel noch verständlicher wird.

Das Ziel der Dworkinschen Rechtskonzeption ist die Vermeidung richterlicher Rechtsschöpfung. Der Richter ist nach Dworkin verpflichtet, sein Urteil ausschließlich kraft des bestehenden Rechts zu fällen. Demnach darf ein Richter sein Urteil nicht anhand eines Maßstabs begründen, der nie von der amerikanischen Rechtsinstitution praktiziert worden ist. Ein Beobachter darf die Richtigkeit eines

---

[32] Ebd., S. 4.

[33] Stephen Guest, Ronald Dworkin, Edinburgh: Edinburgh University Press 1992, S. 113.

[34] LE, S. 14.

[35] Ebd., S. 14.

[36] Bittner, RaiP, S. 45.

richterlichen Urteils auch nicht aufgrund von außerrechtlichen Maßstäben kritisieren. Die Richtigkeit eines Urteils bzw. eines richterlichen Arguments soll sich durch seine Konsistenz mit der bisherigen Rechtstradition der Vereinigten Staaten erweisen[37]. Dworkins Ablehnung einer externen Betrachtungsweise des Rechts hängt letztlich mit der Unangemessenheit der Berufung auf irgendeinen außerrechtlichen Maßstab als Urteilsbegründung im Kontext seiner Rechtstheorie zusammen.

An dieser Stelle zeichnet sich schon eine Reihe von Problemen ab, die ich in den folgenden Kapiteln ausführlich erläutern werde.

Viele Menschen würden mit Sicherheit fragen, wie denn die Konsistenz mit der amerikanischen Rechtstradition allein, d.h. die von der amerikanischen Justiz bisher praktizierte Moralität als Maßstab der Richtigkeit dienen kann. Beging die amerikanische Justiz in der Vergangenheit keine Fehler, und bedarf sie keiner Korrekturen? Muß das amerikanische Recht angesichts des Wandels der Gerechtigkeitsvorstellungen im Laufe der Zeit nicht neue Maßstäbe einführen? Ist das amerikanische Recht im Hinblick auf den Schutz der Bürgerrechte ein geschlossenes, perfektes System - wie ein allumfassender Tresor - geworden, aus dem der Richter jederzeit, d.h. auch in Zukunft, alles, was er jeweils als moralisch wünschenswert ansieht und für seine Urteilsbegründung benötigt, hervorholen kann? Bittner hat auf diesen Punkt hingewiesen: "... indem Dworkin einen externen Standpunkt für ... unmöglich erklärt, setzt er sich dem Verdacht aus, jede ideologiekritische Betrachtung des Rechts schon im voraus im Keim erstikken zu wollen"[38].

Die Untersuchung dieser Probleme ist der Schwerpunkt der vorliegenden Arbeit. In diesem Kapitel wurden zunächst zwei Besonderheiten von Dworkins Gedanken - die Regionalität und die Teilnehmerperspektive - veranschaulicht, weil diese Vorwegnahme für die weitere Untersuchung m.E. hilfreich ist. Im nächsten Kapitel beginne ich mit der systematischen Untersuchung von

---

[37] Vgl. MP, S. 138-143 und den Unterabschnitt 4.4.1 des vierten Kapitels. - Brain S. Bix schreibt: "[H]ow is a judge to choose which answer is right? In deciding cases, a judge faces an enormous volume of statutes, past cases .... In cases in which the law is not clear, Dworkin would have judges choose a characterization of the doctrine which 'fit' the past cases" (Book Note - Dancing in the Dark: The Philosophical Moves of Ronald Dworkin, in: Harvard Journal on Legislation, Vol. 23, 1986, S. 307-323; S. 317). Dazu vgl. auch Stephen R. Munzer, Right Answer, Preexisting Rights, and Fairness, in: Georgia Law Review, Vol. 11 (1977), S. 1055-1068; S. 1056 und Bittner, RaiP, S. 37 f. und S. 76.

[38] Bittner, RaiP, S. 47.

Dworkins Rechtskonzeption, und zwar erörtere ich zunächst das Ideal, das seine Theoriebildung veranlaßt.

2 Das Ideal des lückenlosen Rechtsschutzes

2.1 Die unterschiedlichen Rollen und Funktionen von Justiz und Legislative

Nach dem Prinzip der Gewaltenteilung darf nur der gewählte Gesetzgeber neue Gesetze schaffen, während der Richter nur verkündet, was Recht ist. "Legislatures, within constitutional bounds, are free to pursue the general welfare as they choose .... The role of courts is different. Courts are supposed to give effect to rights; they are not supposed to decide whether a claim of right comports with the general welfare but whether that claim is given recognition by the institution of which the court is a part"[1].
Dworkin will, daß seine Theorie diese von der Verfassung vorgesehenen Schranken ("constitutional bounds") einhält. In *Law's Empire* bezeugt er selbst seinen Respekt vor der politischen Kultur seines Landes: "Law as integrity assumes, however, that judges are in a very different position from legislators. ... Judges must make their common-law decisions on grounds of principle, not policy"[2].

2.1.1 Die Erwartung der Bürger im Gerichtssaal

Die Gewaltenteilung zwischen der Justiz und der Gesetzgebung zielt nicht nur darauf ab, daß sich kein einzelnes staatliches Organ zu viel Macht aneignet. Ein anderer entscheidender Grund für die Gewaltenteilung liegt vielmehr darin, daß die Berechenbarkeit der Justiz erst durch die Bindung des Richters an Gesetze,

---

1 Kent Greenawalt, Policy, Rights, and Judicial Decision, in: Ronald Dworkin and Contemporary Jurisprudence (hrsg. von Marshall Cohen), Totowa (New Jersey): Rowman & Allanheld 1984, S. 89.

2 LE, S. 244. - Donald H. Regan bemerkt: "Dworkin seems to operate with a rather old-fashioned idea of the common law as a system based on fundamental moral principles, understandable by all, regulating intercourse between individuals and referring only incidentally to general social consequences" (Glosses on Dworkin: Rights, Principles and Policies, in: Ronald Dworkin and Contemporary Jurisprudence [hrsg. von Marshall Cohen], Totowa [New Jersey]: Rowman & Allanheld 1984, S. 119).

d.h. durch den Ausschluß der Rückwirkung in der Justiz, garantiert werden kann.
Weil Dworkin selbst eine solche Praxis respektiert, erscheint ihm eine nicht an das existierende Recht gebundene Handlung eines Gerichts als grobe Verletzung der Gerechtigkeit. Greenawalt bemerkt hierzu: Dworkin "commences his argument against judicial reliance on policy by examining two arguments against judicial originality, or lawmaking: first, that judges are not responsible to the electorate and, therefore, should not make new law; and second, that because judicial decisions have retroactive effect it is unfair to the losing party to base a decision on newly made law"[3]. Bix sagt: "... judges in Dworkin's system may not settle litigation through retroactive 'legislation'. Litigants are entitled to consistency in judicial decisionmaking, and cases should be decided according to what the law is"[4]. Dworkin selbst erklärt deutlich: "... if a judge makes new law and applies it retroactively in the case before him, then the losing party will be punished not because he violates some duty he had, but rather a new duty created after the event"[5].

2.1.2 Die Voraussetzung für das Rückwirkungsverbot

Dennoch scheint das Gebot der richterlichen Bindung an das Recht immer noch unzulänglich für den Schutz der Bürgerrechte zu sein. Dieses Gebot könnte nur dann befolgt werden, wenn jeder Rechtsfall kraft existierenden Rechts entscheidbar wäre. Dies bedeutet, daß das bestehende Recht als solches alle Fälle geregelt haben und sozusagen lückenlos sein muß: sonst ist der Richter in den rechtlich nicht geregelten Fällen gezwungen, aufgrund von außerrechtlichen Maßstäben, z.B. von Erwägungen aus den jeweiligen kollektiven Zielen oder der von ihm persönlich verfochtenen Moral seine Urteile zu fällen. In diesen Fällen ist vor dem Urteil noch kein Recht vorhanden und die Teilnehmer des Prozesses haben dementsprechend kraft des existierenden Rechtsmaterials keine rechtlich schon verankerten, ihnen zustehende Rechte.

---

[3] Greenawalt, Policy, Rights, and Judicial Decision (wie Anm. 1), S. 88.

[4] Brian S. Bix, Book Note - Dancing in the Dark: The Philosophical Moves of Ronald Dworkin, in: Harvard Journal on Legislation, Vol. 23 (1986), S. 307-323; S. 316.

[5] Ronald Dworkin, Hard Cases, in: Harvard Law Review, Vol. 88 (1975), S. 1057-1109; S. 1061.

2.1.2.1 Institutionelle Autonomie...

Dworkin plädiert offenbar für ein bekanntes Ideal in der Geschichte der Rechtswissenschaft, nämlich die "institutionelle Autonomie". Dworkins Rechtstheorie ist nichts anderes als eine neue Variante dieses Ideals. "Dworkin's ... thesis is 'institutional autonomy', which means that judges are not to abandon institutional materials and decide cases directly on the basis of background rights or their own political convictions. ... Dworkin allows that *legislatures* may take background rights or other non-institutional considerations into account and institutionalize them through legislation. But the courts may only enforce moral preferences which are already embodied in law"[6]. Brilmayer erläutert: "By institutional autonomy, Dworkin means that judges should confine their attention to material embodied in the law (namely, legal rules and principles) and not take into consideration what he refers to as 'background rights'"[7].
Die institutionelle Autonomie kann, wie gesagt, nur auf der Grundlage eines lückenlosen Rechtssystems verwirklicht werden.

2.1.3 ... eine alte und veraltete Idee

Die Behauptung vom Recht als einem lückenlosen Rechtssystem ist seit langem in der Rechtswissenschaft populär. Bodenheimer schreibt: "The rejection of equitable discretion on the European Continent was coupled with a belief in the autonomy and gaplessness of the legal system. ... This assumption was strengthened by the enactment of elaborate codes of law in many countries of Europe"[8].
Z.B. bringt Karl Bergbohm, vom Erfolg der Kodifikation begeistert, eine erstaunliche Naivität wie folgt zum Ausdruck: "Die ganze Vorstellung von den Rechtslücken sollte endlich einmal aufgegeben werden. Ein Recht ... ist etwas allemal in lückenloser Ganzheit Dastehendes .... Es bedarf niemals der Ausfüllung von

---

6 R. Lea Brilmayer und James W. Nickel, Book Review for "Taking Rights Seriously", in: Columbia Law Review, Vol. 77 (1977), S. 818-826; S. 824.

7 R. Lea Brilmayer, The institutional and empirical Basis of the Rights Thesis, in: Georgia Law Review, Vol. 11 (1977), S. 1173-1199; S. 1174.

8 Edgar Bodenheimer, Hart, Dworkin, and the Problem of Judicial Lawmaking Discretion, in: Georgia Law Review, Vol. 11 (1977), S. 1143-1172; S. 1145.

außen her, denn es ist jeden Augenblick voll .... Das ist keine 'absurde Fiktion', sondern eine nicht wegdenkbare Tatsache"[9].

Diese Idee war in den Fallrechtssystemen ebenfalls populär. Bodenheimer sagt: "In England, no such codification took place, but the notion of a gapless legal system entered into the consciousness of the legal profession by a different route. According to classical common-law doctrine, the law possesses a written and unwritten part. ... Since it was assumed that these two sources of law provided the judge with sufficient yardsticks for the resolution of all controversies, the inference was drawn that he was never called upon to make law by the exercise of free discretion"[10].

Heute gilt die Vorstellung von einem lückenlosen Rechtssystem als naiv. Im Hinblick auf die geschriebenen Gesetze meint Hart, weil wir nur Menschen und nicht Götter seien, sei es unmöglich, daß wir bei der Gesetzgebung schon die Sachverhalte aller künftigen Fälle voraussehen und aufzählen könnten: "If the world in which we live were characterized only by a finite number of features, and these together with all the modes in which they could combine were known to us, then provision could be made in advance for every possibility. We could make rules, the application of which to particular cases never called for a further choice. Everything could be known, and for everything, since it could be known, something could be done and specified in advance by rule"[11]. Auch Larenz meint: "Das Gesetz greift in mannigfache und sich wandelnde Lebensverhältnisse ein, die der Gesetzgeber nicht alle zu übersehen vermochte ..."[12].

Im Hinblick auf die Fallrechtssysteme ist die Lückenlosigkeit des Rechts ebenfalls unwahrscheinlich. Die Welt besteht aus einer unendlichen, sich stets wandelnden Vielfalt von Fällen. Z.B. schafft der Fortschritt der Technik immer neue Sachverhalte und neuartige Probleme, denen frühere Richter nicht unbedingt schon einmal begegnet sind.

---

9 Karl Bergbohm, Jurisprudenz und Rechtsphilosophie, 1. Band, Glashütten im Taunus: Detlev Auvermann KG 1973 (Unveränderter Nachdruck der Ausgabe Leipzig 1892), S. 384-388.

10 Bodenheimer, Hart, Dworkin, and the Problem of Judicial Lawmaking Discretion (wie Anm. 8), S. 1145 f.

11 Herbert L. A. Hart, The Concept of Law, Oxford: Oxford University Press ^{2}1972, S. 125.

12 Karl Larenz, Methodenlehre der Rechtswissenschaft, Berlin: Springer-Verlag ^{2}1992, S. 205.

2.1.4 Kritik am alten Ideal

Ein lückenloses Rechtssystem wäre zwar wünschenswert. Wer es aber für möglich hält, zieht sich nur Kritik und Ironie zu. Wie Umana sagt: "Dworkin's fallacy has been to suppose that the law must be conceived as a seamless web of entitlements if judges are not to be taken as quasi-legislators"[13]. Die Mentalität aller Juristen in Dworkins Lager wird von Lord Reid ganz zutreffend als "Sesam-öffne-dich!"-Konzeption kritisiert: "There was a time when it was thought almost indecent to suggest that judges make law - they only declare it. Those with a taste for fairy tales seem to have thought that in some Aladdin's cave there is hidden the common law in all its splendour and that on a judge's appointment there descends on him knowledge of the magic words Open Sesame. Bad decisions are given when a judge muddles the pass word and the wrong door opens. But we do not believe in fairy tales any more"[14].
Wenn Gesetzeslücken unvermeidlich sind, dann will Lord Reid im Gegensatz zu Dworkin trotz der Warnung vor der Gefahr rückwirkender Rechtsanwendung die rechtsschöpfende Rolle des Richters einfach hinnehmen bzw. anerkennen. Das Faktum "may have unfortunate implications for democratic political theory, but facts must be faced"[15]. Die These vom Recht als einem geschlossenen, vollkommenen System, mit der die richterliche Rechtsschöpfung ausgeschlossen werden soll, erscheint vielen Rechtswissenschaftlern nur als gedankenlose Wiederholung eines schönen, aber zugleich trügerischen Traumes.

2.1.5 Ein neuer Versuch der Rehabilitierung des alten Ideals

Dworkin kennt natürlich die obige gegen ihn gerichtete Kritik. Wenn er heute trotz allem wieder für ein altes Ideal plädiert, will er sein Ziel mit einer neuen Methode erreichen.
Dworkin ist zuversichtlich, daß heute dank des hohen Entwicklungsgrades des US-amerikanischen Rechtssystems und durch seine interpretative Konzeption

---

[13] John Umana, Dworkin's "Rights Thesis", in: Michigan Law Review, Vol. 74 (1976), S. 1167-1199; S. 1199.

[14] Zitiert nach David Pannick, A Note on Dworkin and Precedent, in: Modern Law Review, Vol. 43 (1980), S. 36-44; 36 f.

[15] J. W. Harris, Legal Philosophies, London: Butterworths 1980, S. 185 f.

endlich eine erfolgversprechende neue Chance für die Verwirklichung des alten Ideals gekommen ist! Seine Botschaft lautet: "I shall now try to rehabilitate the old idea ... developed in the mysteries I described. The nerve of my suggestion is this: We can understand the ... mysteries ..., if we take them to express an *interpretive* model of adjudication"[16]. Dworkin verspricht uns, daß sich das alte Ideal nun ohne Schwierigkeiten verwirklichen läßt, wenn man nur die traditionellen Rechtskonzeptionen aufgibt und seine interpretative Konzeption "law as integrity" akzeptiert.

2.2 Zwei Feinde der Bürgerrechte

Es ist an der Zeit zu fragen, wie diese neue interpretative Rechtskonzeption aussieht, die die Bürgerrechte lückenlos schützen kann. Aber bevor Dworkin diese Konzeption erklärt, verwirft er zwei andere Rechtskonzeptionen, die die Bürgerrechte leichtfertig behandeln und zu seinem Bedauern noch immer vorherrschen. Deshalb werden zunächst diese beiden Konzeptionen erörtert.

Die erste - zu bemängelnde - Rechtskonzeption ist der Pragmatismus, lehnt dieser doch die Idee des Rechtsschutzes für die Individuen von vornherein ab. Der Pragmatismus ignoriert das Prinzip der Gewaltenteilung in der Demokratie und meint, daß die Justiz nur Mittel zur Beförderung der Interessen der Gemeinschaft sei.

Die zweite Konzeption ist der Konventionalismus, der davon ausgeht, daß das existierende Rechtsmaterial nicht alle Lebenssachverhalte abdecken kann. Dementsprechend kann man in den rechtlich nicht geregelten Fällen bzw. den sogenannten "hard cases" selbstverständlich nicht von der richterlichen Bindung an das Recht sprechen[17].

---

[16] Ronald Dworkin, Law's Ambition for Itself, in: Virginia Law Review, Vol. 71 (1985), S. 173-187; S. 176.

[17] Dworkin meint, daß diejenigen Fälle "hard cases" sind, "in which no explicit rule in the rule book firmly decides the case ..." (MP, S. 13). Laut dieser Definition sind auch diejenigen Fälle "hard cases", die nur auf generelle Weise vom existierenden Recht erfaßt werden. Z.B. schreibt die Verfassung vor, daß Männer und Frauen gleich behandelt werden sollen. Nun klagt eine Frau gegen den Staat und verlangt kraft der Verfassung, daß die Hälfte aller staatlichen Ämter von Frauen bekleidet werden sollen. Aus der Verfassung selbst läßt sich das zu fällende Urteil nicht ablesen, stattdessen hängt es immer von der richterlichen, an ethischen Maßstäben aus-

Nun werde ich diese beiden Rechtskonzeptionen ausführlich erläutern.

2.2.1 Der Pragmatismus: "Kein Recht und Keine Rechte"

Mit einer bildhaften Sprechweise nennt Dworkin den Pragmatismus "forward-looking instrumental programs", während der Konventionalismus "backward-looking factual reports" sei[18]. Dworkin erläutert die *völlig negierende Haltung* des

---

gerichteten Argumentation ab. In diesem Fall können verschiedene Richter zu unterschiedlichen Urteilen kommen. Deshalb meint der Konventionalismus, daß der Fall bzw. die von diesem Fall repräsentierte *spezifische Situation* in Wahrheit rechtlich nicht geregelt wird und das gerichtliche Urteil nur anhand von außerrechtlichen Maßstäben gefunden werden kann.
Aber es gibt bei Dworkin offenbar noch eine andere Situation, wo ein "hard case" auch vorkommen kann, nämlich wenn die Befolgung eines klaren Gesetzes zum Verstoß gegen die von der Rechtsinstitution immer praktizierten Moralität führt. Auch dann entsteht ein "hard case".
Ein Beispiel:
Elmar hat seinen Großvater, der jenen testamentarisch zu seinem Erben bestimmt hat, ermordet, weil er befürchtete, der Großvater könne wegen seiner bevorstehenden Wiederheirat später das Testament ändern. Die Töchter des Erblassers erheben nun Anklage gegen den Testamentsverwalter und fordern, daß der Mörder daran gehindert werden solle, das Erbe anzutreten.
Elmars Anwalt verweist zuerst auf die Gültigkeit des Testaments, die kraft Gesetzes unanfechtbar ist, und argumentiert weiter, daß Elmar für ein Verbrechen doppelt bestraft würde, wenn das Gericht ihm sein Recht auf das Erbe aberkennen würde.
Das Urteil des Gerichts, das bei Dworkin großen Beifall findet, setzt sich über die gesetzlichen Vorschriften über Testamente hinweg. "Earl [the judge] argued that the law elsewhere respects the principle that no one should profit from his own wrong ..." (LE, S. 20).
Hier ist einleuchtend, warum John Mackie Dworkin kritisiert. Wenn ein Richter nach seiner Moral z.B. einen Krieg für ungerecht hält, wäre er nach Dworkins Konzeption immer in der Lage, das eindeutig formulierte Einberufungsgesetz wegen seines Widerspruchs zu irgendeiner vermeintlich in der Rechtsgeschichte anerkannten Moralität für unverbindlich zu erklären. Mackie meint, daß jeder rechtlich deutlich geregelte Fall ein "hard case" werden könnte, wenn seine von der Rechtsregel vorgeschriebene Folge dem Richter mißfällt. Deshalb formuliert Mackie ironisch: "Taking rights seriously and playing fast and loose with the law" (The Third Theory of Law, in: Ronald Dworkin and Contemporary Jurisprudence [hrsg. von Marshall Cohen], Totowa [New Jersey]: Rowman & Allanheld 1984, S. 161).
Obwohl Dworkins Rechtslehre eigentlich die richterliche Rechtsschöpfung beseitigen will, kann Mackie schreiben: "Like the natural law doctrine, this theory allows the consciences and the speculations of judges to intervene more significantly between what the legislative and executive branches try to do ... and the law it actually operates. We know well that people's prejudices, training, and social position ... strongly influence their consciences and their speculations" (S. 169).

[18] LE, S. 225.

Pragmatismus gegenüber der Tradition der Institution: "Instrumentalism [sc. Pragmatism] ... denies the fact that political history that has taken a certain form can ever be the ground of a genuine right or duty at least against a court. This is the upshot of the instrumentalist's thesis that there are no judicial rights by virtue of the judicial past. He believes that a judge is never obliged, by the nature of the past, to work against the best solution for the future"[19].

Dworkin äußert sich tief besorgt über den "economic approach" in der amerikanischen Rechtserziehung. "This attitude, often called the 'economic' approach to law, has colonized a large part of American legal education ..."[20]. Er verweist auf das Aufkommen des utilitaristischen Gedankens in bestimmten Bereichen des Rechts: "A large interpretive claim has recently excited lawyers in the United States and been noticed in Britain, called the 'economic' theory of the law of unintended damage. This offers a general interpretation of the decisions our judges have made about accidents and nuisance and other unintended injury. It finds the key to these decisions in the 'economic' principle that people should always act in whatever way will be financially least expensive for their community as a whole"[21].

Das Urteil eines Richters, der sich zum Pragmatismus bekennt, orientiert sich lediglich an der Nützlichkeit für die Zukunft der Gemeinschaft. Ein solcher Richter kümmert sich nie darum, ob einem Individuum kraft des existierenden Rechts bestimmte Rechte gebühren, sondern nur darum, ob sein heutiges Urteil der öffentlichen Wohlfahrt, der öffentlichen Kasse, der Produktivität der Industrie oder der gesamten Wirtschaftsentwicklung des Staates zugute kommt und damit kollektiven Zielen dient. Die Tradition der Institution dagegen wird bei einer neuen Entscheidung überhaupt nicht in Betracht gezogen, sie spielt also keine Rolle. In diesem Fall können die Parteien im Prozeß nicht davon reden, daß sie kraft des Rechts bestimmte Rechte haben. Sie können sich nicht auf das bisherige Recht berufen, weil der Richter ihm ohnehin keine Aufmerksamkeit schenken wird.

---

[19] Ronald Dworkin, "Natural" Law Revisited, in: Florida Law Review, Vol. 34 (1982), S. 165-188; S. 183 f.

[20] MP, S. 4.

[21] LE, S. 276.- Wie Bix sagt: "Dworkin asserts without argument - apparently believing the matter to be self-evident - that the most pervasive form of legal justification in America is utilitarianism" (Book Note - Dancing in the Dark: The Philosophical Moves of Ronald Dworkin [wie Anm. 4], S. 308).

Weil eine Rechtskonzeption dieser Art die Verbindlichkeit des bisherigen Rechts überhaupt nicht anerkennt, wird sie von Dworkin als "kein Recht und keine Rechte" bezeichnet. Der Pragmatismus bietet uns "a very different interpretation of our legal practice: that judges do and should make whatever decisions seem to them best for the community's future, not counting any form of consistency with the past as valuable for its own sake. So pragmatists ... reject the idea of law and legal right deployed in my account of the concept of law ..."[22].
Die Vorherrschaft des Pragmatismus in der Justiz führt nach Dworkin zu einer vollständigen Aushöhlung der individuellen Rechte.

2.2.2 Der Konventionalismus: "Das Recht als 'plain fact'"

Hingegen meint der Konventionalismus, der Richter solle das bestehende Recht achten und der Bereich des bestehenden Rechts sei objektiv feststellbar. Jedes Rechtssystem bietet nach dem Konventionalismus einen unumstrittenen "Herkunftstest"[23], der die notwendigen und hinreichenden Bedingungen dafür gibt, was das Recht dieses Staates ist. Was z.B. die Abgeordneten im Bundestag mit benötigter Mehrheit verabschieden, gilt als Gesetz der Bundesrepublik Deutschland. "In England they recognize as law ... whatever the Queen in Parliament enacts ..."[24].
In einem modernen Rechtssystem gibt es verschiedene Rechtsquellen. Das bedeutet, daß das Recht insgesamt auf unterschiedliche Arten entstehen kann. Jedoch gibt es von allen Mitgliedern der Gesellschaft anerkannte Kriterien zur Feststellung, auf welchen Wegen ein Gesetz entstehen kann. Wenn eine Regel keine solche anerkannte Herkunft hat, dann hat sie auch keinen Rechtscharakter. Deshalb vertritt die positivistische Konzeption des Konventionalismus "the plain-fact view"[25]. Nach dem Konventionalismus ist eine Uneinigkeit über die Bestimmungen des Rechts unvorstellbar. Die Befürworter des Konventionalismus "say that ... disagreement is an illusion, that lawyers and judges all actually agree about the grounds of law. I shall call this the 'plain fact' view of the grounds of law .... The law is only a matter of what legal institutions ... have

---

[22] LE, S. 95.
[23] Bre, S. 47.
[24] Hart, The Concept of Law (wie Anm. 11), S. 99. - Dazu vgl. auch Bre, S. 52.
[25] LE, S. 6.

decided in the past. ... So questions of law can always be answered by looking in the books, where the records of institutional decisions are kept. Of course it takes special training to know where to look and how to understand the arcane vocabulary in which the decisions are written"[26].

Der Konventionalismus wird dementsprechend von Dworkin als Rule-book-Konzeption bezeichnet[27]. Das Auffinden des Rechts ist "a ... simple matter of historical research"[28]. "Every question about what the law is ... has a flat historical answer ..."[29]. Und wenn die Juristen gut ausgebildet sind, können sie alle dasselbe Recht finden.

2.2.2.1 Warum ist die Rule-book-Konzeption attraktiv?

Der Konventionalismus meint, daß er die Berechenbarkeit oder die Sicherheit des Rechts am besten gewährleisten könne. Wenn die Frage, was das Recht ist, immer durch Nachschauen im "rule book" einstimmig entschieden würde, dann könnte für die Bürger stets klar sein, was ihre Rechte und Verpflichtungen sind. Die Bürger bräuchten nicht zu befürchten, daß die Juristen über die in ihrem jeweiligen Fall einschlägigen Rechtsbestimmungen uneins sein könnten und ihre Rechte daher von der Willkür des Richters abhingen.

Wenn hingegen eine Rechtstheorie einerseits die Bindung des Richters an das Recht betont, aber andererseits nicht sagen kann, was das Recht ist, dann hat sie ihr Ziel verfehlt. Erst durch die Bindung an *unkontroverses* Recht können die Bürgerrechte geschützt werden. "Conventionalism protects the authority of convention by insisting that conventional practices establish the end as well as the beginning of the past's power over the present. It insists that the past yields no rights tenable in court, except as these are made uncontroversial by what everyone knows and expects. If convention is silent there is no law ..."[30].

Gemäß dem Konventionalismus soll der Richter immer nur, wie Montesquieu sagt, als der Mund des Rechts dienen. Diese Idee wird in der Tat stets von großem Pathos begleitet. Wir können uns an die Version dieses Ideals im letzten

---

[26] Ebd., S. 7.

[27] MP, S. 12 f.

[28] Stephen Guest, Ronald Dworkin, Edinburgh: Edinburgh University Press 1992, S. 114.

[29] LE, S. 9.

[30] Ebd., S. 118.

Jahrhundert erinnern: "This sentiment was nourished by the conviction that only a general and objective body of law administered by an impersonal and rational authority could guarantee to the citizen a maximum of freedom, equality, and security, while individualized measures of the sovereign tended to subject the citizens to the hazards of arbitrariness and unpredictability of official action"[31].
Diese sogenannte Rule-book-Konzeption herrscht insbesondere in Großbritannien vor. Über die möglichen Ursachen dieses Kulturphänomens schreibt Dworkin: "British judges are intensely conservative and protective of established forms of authority. Perhaps that is only an accident of history, or perhaps it is the inevitable consequence of other institutional arrangements and traditions"[32].
Jedoch ist das Hauptargument des Konventionalismus, wie gesagt, die Rechtssicherheit, die man oft für die erste Voraussetzung der Gerechtigkeit hält. Radbruch schreibt in seinem Buch "Der Geist des Englischen Rechts": "Die Sicherheit des Rechts ist die Voraussetzung aller Kultur"[33]. Dworkin selbst gibt zu: "Some high degree of compliance with the rule-book conception seems necessary to a just society. Any government that acts contrary to its own rule book very often ... cannot be just ..."[34].

2.2.3 Die Unzulänglichkeit des Konventionalismus

Trotz allem ist Dworkin nicht einverstanden mit dem Rule-book-Modell, das er im Hinblick auf den Schutz der Rechte für untauglich befindet. Der einfache Grund ist, daß stets neue Lebenssachverhalte bzw. neue Fälle auftauchen, die vom bisherigen Rechtsmaterial nicht abgedeckt werden können. Daraus folgt, daß sich der Richter gemäß dem Konventionalismus in neuartigen Fällen unvermeidlich an außerrechtlichen Maßstäben orientieren muß.
Eigentlich ist der Konventionalismus im Gegensatz zum Pragmatismus eine Konzeption, die wie die Konzeption "law as integrity" die legalen Rechte anerkennt. "Conventionalism offers a positive, nonskeptical theory about what legal

---

31 Bodenheimer, Hart, Dworkin, and the Problem of Judicial Lawmaking Discretion (wie Anm. 8), S. 1146.
32 MP, S. 28.
33 Gustav Radbruch, Der Geist des Englischen Rechts, Göttingen: Vandenhoeck & Ruprecht 1958, S. 48.
34 MP, S. 12.

rights people have: they have as legal rights whatever rights legal conventions extract from past political decisions. Law as integrity is also a nonskeptical theory of legal rights: it holds that people have as legal rights whatever rights are sponsored by the principles that provide the best justification of legal practice as a whole. Pragmatism, on the contrary, denies that people ever have legal rights"[35]. Ironischerweise wird der Konventionalismus in den "hard cases" wegen der Verengung der Rechtsbestimmungen dennoch zu einer Konzeption, die dem Pragmatismus sehr ähnlich ist: "Kein Recht und keine Rechte". "Convention governs the straightforward case, judges' discretion determines what is the best rule for the future in cases which are not obviously governed by past decisions. In clear cases judges follow the obvious rule or principle, in other situations they act as legislators ..."[36].

Wenn die Beachtung der Bürgerrechte ein unserem Rechtssystem als solchem gebotenes Staatsziel ist, dann sind die Richter verpflichtet, sie zu verwirklichen. Der Konventionalismus gestattet dies jedoch nur teilweise, nämlich nur in "clear cases". In "hard cases" wird der Richter nach dem Konventionalimus ohne Ausübung des sogenannten "Ermessens" seiner Aufgabe nicht gerecht.

2.2.3.1 "Kein Anspruch auf Rechte" als Ausgangspunkt von Dworkins Kritik am Ermessen

Die Verwerflichkeit des Ermessens liegt nach Dworkin darin, daß es keinen Maßstäben unterliegt, die sich auf eine *rechtliche* Autorität zurückführen lassen[37]. Das heißt, daß der Richter vom Gesichtspunkt des bestehenden Rechts aus "in keiner Richtung eine Entscheidungspflicht" hat und das Recht "nicht vorgibt, ihm irgendeine Pflicht hinsichtlich einer bestimmten Entscheidung aufzuerlegen"[38].

Die Ausübung des Ermessens läßt sich zwar nicht mit "Beliebigkeit" gleichsetzen, jedoch orientiert der Richter sich hier *nur an außerrechtlichen* Maßstäben[39], die nach Dworkin in England und in den Vereinigten Staaten üblicher-

---

35 LE, S. 152.

36 Howard Davies und David Holdcroft, Jurisprudence, London: Butterworths 1991, S. 383.

37 Vgl. Bre, S. 69.

38 Ebd., S. 126 f.

39 Ebd., S. 71.

weise aus einer "Policy-Erwägung" stammen. Das Urteil unterliegt keiner innerrechtlichen Kontrolle. "Daß ein Amtsträger Ermessen hat, bedeutet nicht, daß es ihm freisteht, ohne Bezug auf Maßstäbe des Sinns und der Fairneß Entscheidungen zu treffen, sondern nur, daß seine Entscheidung nicht von einem Maßstab kontrolliert wird, den die bestimmte Autorität aufgestellt hat"[40].

Erst nach dem Urteil in einem "hard case" entstehen dieser Auffassung zufolge die einschlägigen Rechte, was Dworkin als "Etwas-zu-einer-Regel-Machen" bezeichnet[41]. "Der Rechtspositivismus verwirft die Vorstellung, daß juristische Rechte vor irgendeiner Form der Gesetzgebung existieren könnten; das heißt, er verwirft die Vorstellung, daß Individuen oder Gruppen Rechte bei der richterlichen Entscheidung haben können ..."[42].

Weil nur das Recht Rechte gewähren kann und es in einem nicht vom bisherigen Recht erfaßten Fall also *vor* der gerichtlichen Entscheidung keine Rechte geben kann, können die Bürger im Prozeß nur eine vollständig passive Rolle spielen und sind gezwungen, ihr Schicksal dem Ermessen des Richters zu überlassen. Das bedeutet aber, daß die Bürger im Prozeß *vorher* überhaupt *keinen Anspruch* auf das von ihnen gewünschte Ergebnis erheben können.

Sicherlich erhebt jede Partei im Verfahren ihren Anspruch auf bestimmte Rechte, *als ob* der Richter den Fall nach ihrer Meinung entscheiden sollte, jedoch ist "diese Vorstellung ... nur eine Fiktion. In Wirklichkeit hat er ein Gesetz über neue juristische Rechte gegeben und es dann rückwirkend auf den vorliegenden Fall angewandt"[43].

Wenn der Richter das Ermessen ausübt, dann können wir nach Dworkin "nicht mehr davon sprechen ..., daß er durch Maßstäbe gebunden ist, sondern [müssen] vielmehr davon sprechen ..., welche Maßstäbe er 'charakteristischerweise verwendet'"[44].

---

[40] Ebd., S. 72.

[41] Ebd., S. 67.

[42] Ebd., S. 13.

[43] Ebd., S. 144.

[44] Ebd., S. 73. - Obwohl der Begriff "discretion" mit "Ermessen" ins Deutsche übersetzt wird, ist es wesentlich, den Unterschied zwischen dem deutschen juristischen Begriff "Ermessen" und "discretion" im Auge zu behalten. Dworkins auf das Problem der Rückwirkung bezogene Kritik läßt sich nicht ohne weiteres von dem englischen Begriff "discretion" auf das deutsche "Ermessen" übertragen (vgl. Bittner, RaiP, S. 219 f.).

Karl Engisch weist auf folgendes hin: Der "Begriff des Ermessens zählt zu den vieldeutigsten und schwierigsten Begriffen der Rechtstheorie" (Einführung in das juristische Denken, Stuttgart / Berlin / Köln: Kohlhammer [8]1989, S. 111). Die deutschsprachigen Juristen reden

Es leuchtet ein, daß das Ermessen den Anspruch der Bürger auf feststehende Rechte aushöhlt und so mit einer ablehnenden Reaktion von Dworkin zu rechnen ist.

2.2.4 Die Ankündigung der Rechtsprinzipien

Es erscheint Dworkin inakzeptabel und unnötig, wenn man wie der Konventionalismus um der Rechtssicherheit und der Einhaltung der Gewaltenteilung willen in "hard cases" die individuellen Rechte dem richterlichen Ermessen opfert. Im Gegensatz zum Konventionalismus verfolgt Dworkin das Ideal, eine Rechtstheorie zu konstruieren, mit der der Richter auch in "hard cases" ausschließlich kraft des existierenden Rechts entscheiden kann. Damit entgeht der Richter Vorwürfen wie "Einmischung der Richter ins Ressort des Gesetzgebers" und "Verunsicherung des Rechts" in jedem einzelnen Fall. So kann man nach

---

von verschiedenen Arten von Ermessen wie z.B. Tatbestandsermessen, Rechtsfolgeermessen, richterliches Ermessen und Verwaltungsermessen ... usw.

Es ist nicht nötig, das Thema hier weiter zu verfolgen. Aber wenn ich den Unterschied zwischen Ermessen und "discretion" bündig erklären müßte, dann würde ich sagen, daß der deutsche juristische Begriff "Ermessen" einen *durch rechtliche Ermächtigung gewährten Spielraum* z.B. für einen Richter oder einen Verwaltungsbeamten bedeutet. Hingegen bedeutet der von Dworkin kritisierte Begriff "discretion" eine Handlung *nicht* nach dem bestehenden Recht, sondern eine rechtsschöpfende Handlung. Im Unterschied hierzu handeln diejenigen, die Ermessen im Sinne der juristischen Methodenlehre ausüben, nur nach dem bestehenden Recht, wenn sie die vom Recht gesetzten Schranken nicht überschreiten. Z.B. ist ein Polizist rechtlich ermächtigt, gegen einen Autofahrer, dessen Fahrweise gegen eine bestimmte Ordnung verstößt, eine Strafmaßnahme mit einem Verwarnungsgeld zwischen 5 und 75 DM zu verhängen. Wenn der Polizist 76 DM fordert, handelt er rechtswidrig. Er handelt auch rechtswidrig, wenn er bei einem sehr leichten Verstoß 75 DM verlangt oder bei einem schweren Verstoß ohne Milderungsgründe 5 DM. Das Ermessen unterliegt immer bestimmten Prinzipien, ist also kein "freies Ermessen", sondern "gebundenes Ermessen".

Es gibt verschiedene vom Recht gesetzte Schranken, z.B. Rechtszwecke und Prinzipien der Rechtsstaatlichkeit in der Verfassung wie Gleichberechtigung der Geschlechter. Reinhold Zippelius führt das folgende Beispiel an: Ein Verkehrspolizist darf "wählen, welche von zwei Fahrtrichtungen er zuerst sperren und welche er zuerst freigeben will, wenn die sich kreuzenden Straßen gleich stark befahren sind. Kommt aber auf der einen Fahrbahn nur seine Freundin geradelt und ist die andere überfüllt, dann muß er zuerst die überfüllte Straße freigeben. Andernfalls handelt er gegen den Zweck seiner Regelungsbefugnis, die Flüssigkeit und Sicherheit des Straßenverkehrs optimal zu fördern" (Juristische Methodenlehre, München: C. H. Beck ^{5}1990, S. 96).

Dworkin mithilfe seiner Konzeption den Vorteil des Konventionalismus bewahren und seinem Nachteil ausweichen.
Wie kann Dworkin nun diese optimale Konzeption verwirklichen?
Wenn wir mit einem kurzen Satz den Grund von Dworkins Angriff auf eine konventionalistische Position wie die von Hart zum Ausdruck bringen wollen, dann ist der folgende Satz von Raz geeignet: "[The] legal positivists like Professor Hart cannot accommodate principles"[45]. Dworkin hingegen meint, daß sich mit seiner Rechtskonzeption "Prinzipien" herausarbeiten lassen, die sein Ideal ermöglichen.
Die Behauptung, gewisse Prinzipien seien Bestandteile des amerikanischen Rechts, sowie die Herausarbeitung dieser Prinzipien sind der Angelpunkt von Dworkins Rechtstheorie. Nur diejenigen, die nichts vom Vorhandensein der Rechtsprinzipien wissen, halten nach ihm die "hochkomplizierten Rechtssysteme" von Großbritannien und den Vereinigten Staaten immer noch für lückenhaft und glauben weiter, daß die Bürger in solchen Rechtssystemen ihr Schicksal ab und zu dem richterlichen Ermessen schutzlos ausliefern müßten.
Hingegen gibt es nach seinem Verständnis in Großbritannien und den Vereinigten Staaten wegen der Vollkommenheit ihrer Rechtssysteme, die für alle Fälle vorgesorgt hätten, keinen Raum mehr für Ermessen. Ihre Rechtssysteme sind dank der Existenz der Prinzipien "lückenlose Systeme der Berechtigungen" geworden. Hart meint dazu: "[For] Professor Dworkin, a judge who ... steps into the area of what he calls policy, as distinct from principles determining individual rights, is treading forbidden ground reserved for the elected legislature. This is so because for him not only is the law a gapless system, but it is a gapless system of rights or entitlements ..."[46].
Im folgenden Kapitel werde ich untersuchen, wie solche Rechtssysteme durch die "Prinzipien" im Dworkinschen Sinne ermöglicht werden.

---

[45] Joseph Raz, Professor Dworkin's Theory of Rights, in: Political Studies, Vol. 26 (1978), S. 123-137; S. 133.

[46] Herbert L. A. Hart, Essays in Jurisprudence and Philosophy, Oxford: Oxford University Press 1983, S. 141.

3 Die Prinzipienargumentation und ihre Probleme

3.1 Prinzipienermittlung durch Analogie

Das vorliegende Kapitel hat drei Teile. Zunächst will ich Dworkins Prinzipienargumentation zur Ermöglichung eines "lückenlosen Rechtssystems der Berechtigungen" analysieren. Dabei werde ich zeigen, daß diese Prinzipienargumentation eigentlich auf einem analogischen Verfahren beruht. Ich führe das von Dworkin selbst zur Erläuterung der Prinzipienargumentation benutzte Beispiel an (3.1 und 3.2).
Anschließend frage ich, ob sich Dworkin dem Vorwurf entziehen kann, daß die von ihm verwandte Analogie gerade gleichbedeutend ist mit richterlicher Rechtsschöpfung. Die herkömmliche Meinung in der Rechtswissenschaft spricht sich gegen Dworkin aus. Deshalb verteidigt sich Dworkin und argumentiert, daß seine Methode wegen zweier Einschränkungen nicht als richterliche Rechtsschöpfung angesehen werden darf (3.3).
Im letzten Teil dieses Kapitels weise ich auf ein von Dworkin selbst ignoriertes, aber sehr wichtiges Problem im Verfahren der Prinzipienargumentation hin, nämlich die Notwendigkeit von Wertungen bei der Zuordnung der Rechtsfälle(3.4).

3.1.1 Die Schließung der Rechtslücken durch die Prinzipien

Der Konventionalismus gibt die Existenz von Lücken im Recht zu und nimmt als Folge Ermessensentscheidungen in Kauf. Hingegen will Dworkin diese Position auf keinen Fall akzeptieren. John Mackie sagt: "... Professor Dworkin holds that even in a hard case one does not reach a stage where the law has run out before it has yielded a decision, and the judge has to make some new law to deal with a new problem. Judges never need to act, even surreptitiously, as legislators ..."[1]. Dworkins Theorie geht davon aus, daß in jedem "hard case" die Frage, was das

---

[1] John Mackie, The Third Theory of Law, in: Ronald Dworkin and Contemporary Jurisprudence (hrsg. von Marshall Cohen), Totowa (New Jersey): Rowman & Allanheld 1984, S. 162.

Recht sei, immer noch auf dem Wege der richterlichen Interpretation des vorhandenen Rechtsmaterials beantwortet werden kann.
Wenn ein Rechtsfall nicht von irgendeiner bestehenden Rechtsregel erfaßt wird, dann soll der Richter nach Dworkin sein Urteil mit den Prinzipien seiner Moraltheorie begründen, die selbst jedoch die Voraussetzung erfüllen müssen, alle Präzedenzfälle - ein paar Fehlurteile ausgenommen - rechtfertigen zu können. Ist diese Voraussetzung erfüllt, so kann der Richter nämlich bei der Behandlung eines Rechtsfalls die Präexistenz dieser Prinzipien behaupten, als ob alle Präzedenzfälle gerade nach diesen Prinzipien entschieden worden wären, denen jene besondere Moraltheorie zugrunde liegt. Die Prinzipien vertreten und verkörpern die vom Recht schon immer praktizierte Moralität, nach der nun auch der vorliegende Rechtsfall entschieden wird. Auf diese Weise urteilt der Richter nur nach dem schon existierenden Recht. Dworkin gibt dem Begriff des Rechtsprinzips eine Definition: "a principle is a principle of law if it figures in the soundest theory of law that can be provided as a justification for the explicit substantive and institutional rules of the jurisdiction in question"[2].
So weit meine abstrakte Darstellung der Bedeutung von Rechtsprinzipien. Im folgenden erläutere ich die Bedeutung der Prinzipien anhand des von Dworkin selbst verwendeten Beispiels, damit die konkreten Inhalte der Rechtsprinzipien besser faßbar werden.

3.1.2 Der Fall "Dronenburg"

Um das Verfahren der Prinzipienargumentation zu erklären, wählt Dworkin den Fall "Dronenburg". Dieses Beispiel ist nach Dworkin das einleuchtendste, um zu erläutern, wie die *angeblich neuen* Rechte in Wahrheit schon in der Tradition präexistieren.
Dronenburg diente in der US-Marine als ein exzellenter Soldat. Dennoch wurde er aus der Marine entlassen, nachdem seine homosexuelle Neigung entdeckt worden war. Unter Berufung auf die Präzedenzfälle des Obersten Gerichtshofs klagte Dronenburg gegen die Marine, sie verletze durch die Entlassung sein verfassungsrechtlich gewährtes Recht darauf, seine Homosexualität zu praktizieren.

---

2 Ronald Dworkin, Social Rules and Legal Theory, in: Yale Law Journal, Vol. 81 (1972), S. 855-890; S. 876.

Tatsächlich hat sich der Oberste Gerichtshof nie mit homosexuellen Neigungen beschäftigt. "But in a series of important decisions the Court has recognized a right to what is called 'privacy'" - in Bezug auf sexuelle Angelegenheiten[3]. Die Präzedenzfälle, auf die sich Dronenburg berufen kann, beziehen sich lediglich auf andere sexuelle Angelegenheiten wie z.B. den Gebrauch von Verhütungsmitteln - anfangs nur für verheiratete, dann auch für unverheiratete Paare und schließlich auch für Kinder unter 16 Jahren - sowie auf die Aufhebung des Abtreibungsverbots usw.

Diese Rechte wurden im Laufe der Geschichte *schrittweise* durchgesetzt. Z.B. erkannte das Gericht am Anfang nur den "private character of marriage" an, deshalb entschied es sich für die Freigabe des Verhütungsmittels *nur für Ehepaare*[4]. Sexuelle Kontakte zwischen unverheirateten Paaren sowie zwischen Kindern unter 16 Jahren und die Abtreibung wurden zuerst nicht als private Angelegenheiten angesehen.

Dworkin würde als Richter bei der Urteilsfindung von einer moralischen Theorie ausgehen, die eigentlich von J. S. Mill stammt: "... the state must not prohibit acts that harm no one just because these acts are widely considered immoral or sinful"[5]. Worauf es ihm hierbei ankommt, ist: nachzuweisen, daß sich sämtliche Entscheidungen der Präzedenzfälle durch diese Moraltheorie erklären lassen.

Hier geht es um den Bereich sexueller Betätigung. Deshalb soll das auf der Moraltheorie des Interpreten basierende Rechtsprinzip sich auf diesen spezifischen Punkt beziehen.

Nach Dworkin kann der Interpret anhand der Präzedenzurteile aus dem Bereich sexueller Betätigung das folgende Prinzip abstrahieren, dessen das Gericht sich angeblich immer bedient habe: Wenn die Wahl einer sexuellen Betätigung für die Gestaltung des Lebens des Handelnden *von wesentlicher Bedeutung* ("of fundamental importance") ist und sie keinen anderen Mitgliedern der Gesellschaft Schaden zufügt, dann soll sie vom Staat als private Angelegenheit angesehen und geschützt werden[6]. Aus diesem Grund könne man sagen, der Oberste

---

3 Ronald Dworkin, Reagan's Justice, in: The New York Review of Law (8. 11. 1984), S. 27-31; S. 27.

4 Ebd., S. 27.

5 Dworkin, Law's Ambition for Itself, in: Virginia Law Review, Vol. 71 No. 2 (1985), S. 173-187; S. 180.

6 Dworkin, Reagan's Justice (wie Anm. 3), S. 27.

Gerichtshof habe die Schutzwürdigkeit des privaten Charakters sexuellen Lebens schon früher anerkannt.
Dieses Prinzip läßt sich auch auf Dronenburgs Fall anwenden, weil die Wahl homosexueller Partner auch für Dronenburg von wesentlicher Bedeutung ist und seine Tätigkeit den Anderen in der Gesellschaft keinerlei Schaden zufügt. Deshalb meint Dworkin: "If the constitutional right does extend beyond contraception and abortion to other fundamental aspects of private sexual life, then is the freedom of homosexuals to choose willing adult sexual partners sufficiently fundamental to fall within it ..."[7].

3.1.3 Abstraktion

Nun zur Analyse von Dworkins Methode:
Die Homosexualität wurde früher nie von der amerikanischen Rechtsinstitution behandelt bzw. geregelt, und hier besteht eine Lücke im existierenden Recht. Demnach sollten die Homosexuellen keinen Anspruch auf Rechtsschutz haben. Dworkins berühmte Forderung lautet jedoch: "Es mag sein, daß das Recht kein nahtloses Gewebe ist; aber der Kläger hat ein Recht, von Herkules zu verlangen, daß er das Recht so handhabt, als ob es ein solches Gewebe wäre"[8].
Wie läßt sich diese Forderung im amerikanischen Rechtssystem verwirklichen? Dworkins Strategie zur Ermöglichung eines lückenlosen Systems der Berechtigungen geht davon aus, daß Rechtsbestimmungen mehr enthalten als bloß die in den Präzedenzfällen zu beobachtenden spezifischen Erfahrungsinhalte. Tatsächlich ist angesichts der unendlichen Vielfalt in der Welt offensichtlich, daß die spezifischen Erfahrungsinhalte eines neuen Falles oft nicht von den bisherigen Rechtsnormen abgedeckt werden können.

---

7 Ebd., S. 27.

8 Bre, S. 199. - Herkules ist ein von Dworkin erfundener "philosophischer Richter in irgendeinem repräsentativen amerikanischen Rechtsbezirk", der mit "übermenschlicher Fertigkeit, Ausbildung, Geduld und Scharfsinn" ausgestattet ist (S. 182). Herkules will immer an das existierende Recht gebunden bleiben und hat alle Präzedenzfälle studiert. Er kann die geeignete ethische Theorie zur Interpretation der ganzen institutionellen Geschichte wählen und kennt auch alle von den anderen Richter angebotenen Interpretationen und ihre ethischen Theorien. Deshalb kann er feststellen, wessen Theorie die Präzedenzfälle am besten gerechtfertigt hat.

Der Kernpunkt von Dworkins Konzeption liegt gerade darin, daß er jeden Rechtsfall durch Abstraktion von seiner spezifischen Inhalten auf eine höhere Ebene hebt und ihn als ein neu auftauchendes Beispiel eines schon bestehenden Problemtyps betrachtet, der schon von bestimmten Präzedenzfällen im Rechtssystem der Vereinigten Staaten verkörpert wird.

Um den Homosexuellen von heute ihre Rechte zu gewähren, ist es deshalb nach Dworkin unnötig, daß die Justiz früher einen Fall *genau* in Bezug auf homosexuelle Betätigung behandelt und sich auch für die Homosexuellen ausgesprochen hat. Wichtig und ausreichend für den Richter ist nur, darauf zu verweisen, daß es mit der Frage der Homosexualität lediglich um einen im bestehenden Recht schon existierenden Typ von Problemen geht, nämlich den Schutz harmloser sexueller Privatangelegenheiten. Deshalb gilt der Fall von Dronenburg Dworkins Meinung nach als rechtlich schon geregelt. Das Recht sei alt, und nur der Fall sei neu, deshalb könne man nicht von Rechtsschöpfung sprechen[9].

Aus Dworkins Bemerkung über den Fall Dronenburg ist ersichtlich, daß die hier verfochtene Argumentation die juristische Analogie ist. Diese Methode werde ich nun erläutern.

3.1.4 Analogie durch Generalisierung

Die Funktionsweise der analogischen Vorgehensweise im Bereich der Rechtswissenschaft läßt sich folgendermaßen charakterisieren: Zwei ähnliche Fälle weichen in manchen spezifischen Inhalten voneinander ab. Der eine ist schon entschieden oder durch die geschriebenen Gesetze geregelt worden, der andere noch nicht. Die beiden Fälle werden miteinander verglichen, wobei sich in den für die rechtliche Bewertung maßgebenden Hinsichten Entsprechung oder Gleichheit herausstellt. Durch Analogieschluß wird nun die Entscheidungsweise für den früheren Fall auch auf den vorhandenen Fall *übertragen*.

---

9 Hier setzt Dworkins Rechtskonzeption eine äußerst optimistische bzw. kühne Überzeugung voraus, nämlich daß jeder beliebige Problemtyp von bestimmten Präzedenzfällen im hochentwickelten Rechtssystem der Vereinigten Staaten verkörpert worden ist und auch in Zukunft keine neue Art von Problemen auftauchen werde: Jeder neu vorkommende Fall lasse sich bestimmt in irgendeinen bestehenden Problemtyp einordnen. Das erinnert mich an den alten englischen Spruch: "Nothing new under the sun".

Die von Dworkin angeführten Präzedenzfälle für den Fall "Dronenburg" enthalten in den für die rechtliche Bewertung maßgebenden Hinsichten die gleichen Verhältnisse, nämlich daß die in ihnen verhandelte sexuelle Betätigung für die Gestaltung des Lebens des jeweiligen Handelnden von wesentlicher Bedeutung ist und daß sie anderen Mitgliedern der Gesellschaft keinen Schaden zufügt. Deshalb verdient Dronenburgs homosexuelle Betätigung ebenfalls Rechtsschutz. Zippelius sagt: "Fallrechtssysteme dürfen ... nicht bei der Entscheidung konkreter Fälle stehen bleiben, sondern müssen zu allgemeinen Grundsätzen und Normen voranschreiten. Erst durch solche Generalisierung von Rechtseinsichten wird das Recht ... überschaubar .... Erst durch sie wird auch eine angemessene Gleichbehandlung aller [wesentlich gleichen Fälle] vor dem Recht möglich"[10]. Dieses Ziel ist überhaupt nur dann zu erreichen, wenn wir beim Vergleich der Fälle jeweils die irrelevanten Unterschiede zwischen ihnen außer acht lassen und sie als Beispiele aus demselben "Problemkreis" betrachten[11]. Die ganze Strategie der Analogie läßt sich mit Zippelius so erklären: "Man stellt also die gesetzlich geregelten ... Falltypen und den vorliegenden, gesetzlich nicht geregelten Falltypus einander gegenüber und prüft, ob dieser ... den erstgenannten Falltypen gleichzubewerten ist. Bejaht man das, so klammert man die unterscheidenden spezifischen Merkmale ... als unerheblich aus und hält nur die verbleibenden allgemeinen Merkmale ... als notwendige Voraussetzungen [für die Anwendung desselben Gesetzes] ... fest. Das ist das Grundschema des *Analogieschlusses*"[12]. Dworkin glaubt, durch diese Strategie das Ziel des lückenlosen Schutzes der Bürgerrechte erreichen zu können.

Ein Rechtsprinzip ist nichts anderes als die abstrakte Darstellung der allen Präzedenzfällen desselben Problemkreises gemeinsamen Verhältnisse und der bisherigen konsistenten Entscheidungsweise des Gerichts. Dworkin erklärt die aus dieser Strategie resultierende erfreuliche Folge: "If people accept that they are governed not only by explicit rules ... but by whatever other standards flow from the principles ..., then the set of recognized public standards can expand and contract organically, as people become more sophisticated in sensing and ex-

---

[10] Reinhold Zippelius, Rechtsphilosophie, München: C. H. Beck ²1989, S. 128.

[11] Josef Esser, Grundsatz und Norm in der richterlichen Fortbildung des Privatrechts, Tübingen: J. C. B. Mohr (Paul Siebeck) 1956, S. 5.

[12] Reinhold Zippelius, Juristische Methodenlehre, München: C. H. Beck ⁵1992, S. 62.

ploring what these principles require in new circumstances, without the need for detailed legislation or adjudication on each possible point of conflict"[13].

3.2 Verbesserung des Rechtsschutzes ohne Änderung des Rechts

3.2.1 Erweiterung der Rechte anhand des existierenden Rechts

Im Fall "Dronenburg" erfaßt der Schutz privater sexueller Angelegenheiten auch die homosexuelle Betätigung. Manche Menschen würden sagen, daß das amerikanische Recht damit erweitert bzw. geändert worden sei. Hingegen meint Dworkin, daß es sich im Fall von Dronenburg nur um die Übertragung der alten Rechte auf einen neuen Fall handele, der in den für die rechtliche Bewertung maßgebenden Hinsichten bestimmten Präzedenzfällen wesentlich gleich sei und also denselben Rechtsschutz verdiene. "[A] decision for Dronenburg, under the claim that the constitutional right of privacy extends to homosexuals, is a change in the law, because that right is not explicit in the text of the Constitution and had not before been recognized by the Supreme Court"[14]. Aber Dworkin meint: "Law as integrity supposes that people are entitled to a coherent and principled extension of past political decisions ..."[15].

Das Recht, das Dronenburg gebührt, ist nur eine "coherent or principled extension of past political decisions". Die Entscheidung des Falles von Dronenburg im Namen eines schon existierenden Prinzips ist Dworkins Meinung nach "only the discovery of deeper identity"[16]. Angesichts der angeblichen Erweiterung der Rechte für Homosexuelle meint Dworkin: "[A] change guided by the law itself is not genuine change but only clarification of law as it stands already"[17]. Dworkin behauptet: "... such changes are not really changes at all, but on the contrary dis-

---

[13] LE, S. 188.

[14] Dworkin, Law's Ambition for itself (wie Anm. 5), S. 181.

[15] LE, S. 134.

[16] Dworkin, Law's Ambition for itself (wie Anm. 5), S. 174.

[17] Ebd., S. 182.

coveries of an underlying identity, so that a judge who announces a novel rule may actually be describing existing law more accurately"[18].
Die angeblich erweiterten Rechte haben ihre Wurzel im bisherigen Recht. Die Rechte, die heute durch richterliche Argumentation herausgearbeitet werden, sind in Wahrheit früher vom amerikanischen Recht schon implizit gewollt bzw. intendiert worden. Die Richter im Fall Dronenburg "offer these 'new' statements of law as improved reports of what the law, properly understood, already is"[19].

3.2.2 Konsistente Handlungsweise des Staates als Ziel

Eine konsistente Handlungsweise des Gerichts ist Voraussetzung für Rechtssicherheit. Wie Zippelius sagt: "Auch in einem Fallrechtssystem muß ... das Recht vorhersehbar sein; man muß sich also darauf verlassen können, daß die Gerichte neue Fälle nach den gleichen Grundsätzen entscheiden wie die früheren Fälle. Dies mußte zu einer Bindung an Präzedenzentscheidungen führen, genauer gesagt, zu einer Bindung an deren ratio decidendi"[20]. Dworkin zufolge praktiziert das Gericht im Fall von Dronenburg gerade diejenige Moralität, aufgrund derer es die Präzedenzfälle *immer* entschieden hätte.
Dworkins Rechtstheorie "requires that the various standards governing the state's use of coercion against its citizens be consistent in the sense that they express a single and comprehensive vision of justice"[21]. Und: "Integrity demands that the public standards of the community be both made and seen, so far as this is possible, to express a single, coherent scheme of justice and fairness in the right relation"[22].
Das Ziel der Konzeption "law as integrity" läßt sich durch das folgende Zitat zusammenfassen: "Integrity fixes its gaze on these matters of principle: government must speak with one voice about what these rights are and so not deny them to anyone at any time"[23]. Der Staat soll seine Bürger ständig mit demselben

---

[18] Ebd., S. 174.
[19] LE, S. 6.
[20] Zippelius, Rechtsphilosophie (wie Anm. 10), S. 127.
[21] LE, S. 134.
[22] Ebd., S. 219.
[23] Ebd., S. 223.

Maßstab behandeln. Das ist die von Dworkin plädierte "consistency in principle", die Tugend des Staates![24]

3.2.3 "Law beyond Law"

Anhand des Falles Dronenburg will Dworkin zeigen, wie die Verbesserung des Rechtsschutzes und die Rechtssicherheit durch seine Prinzipienargumenatation miteinander versöhnt werden können.
Die Ausdehnung des Rechtsschutzes, die für Dworkin gleichbedeutend ist mit der Verbesserung des Rechts, findet nicht durch die Einführung außerrechtlicher Maßstäbe statt, sondern dieses Vorgehen ist "guided by the law itself". Das verbesserte Recht bleibt das alte Recht. Stolz auf die Neuheit dieser Idee, beschreibt er die Folgerungen aus seiner Konzeption gerne in provokativer Sprechweise und Schlagworten.

3.2.3.1 "Law works itself pure"!

Dworkins Werk *Law's Empire* endet mit dem Kapitel "Law beyond Law", das den schon vorher im Aufsatz *Law's Ambition* vorgestellten Gedanken "law works itself pure" nochmals in den Vordergrund stellt. Er meint, daß *dasselbe* Recht durch Selbstverbesserung zu einer immer höheren Ebene aufsteigt. Dworkin selbst fragt zuerst, ob diese Idee nicht verwunderlich und irrsinnig sei: "[My idea] will strike many of you as not only mysterious but idiotic"[25]. In bildhafter Sprechweise versucht er diese Idee zu veranschaulichen: "Law as integrity" "imagines two forms or stages of the same system of law, the nobler form latent in the less noble, the impure, present law gradually transforming itself into its own purer ambition ..."[26].
Meiner Meinung nach läßt die Idee sich gut anhand dieser Metapher erklären. Der mißverständliche Ausdruck "Law beyond Law" bedeutet nicht, daß wir unser vorhandenes Rechtssystem frei mit einem beliebigen, außerrechtlichen Wertmaßstab z.B. mit irgendeinem überpositiven Naturrecht weiter gestalten

---

[24] Ebd., S. 135.
[25] Dworkin, Law's Ambition for Itself (wie Anm. 5), S. 174.
[26] LE, S. 400.

dürfen. Guest erklärt: "Dworkin does not equate legal argument with argument. Rather, he begins with the legal data ... and then attempts to make the best moral sense of that. So interpreters of the law are bound ... by the need to refer to the actual legal materials"[27]. Im Fall Dronenburg haben wir gesehen, daß sich die Reform lediglich auf eine Moral berief, zu der sich die Rechtsinstitution schon früher durch ihre Entscheidungen bekannt hatte.

3.2.3.2 Die Bedeutung von "overruling": keine Rechtsschöpfung

Ausgehend von der Idee "two stages of the same system of law" meint Dworkin: "[Law as integrity] assigns judges the power to draw from judicial history rights that no official institution has ever sanctioned before, and to do so on no stronger argument than that the past is seen in a better light, according to the convictions of the judges, if these rights are presupposed"[28].
Wie er selbst anhand des Falles Dronenburg zeigt, hat sich das Recht auf Rechtsschutz für manche sexuelle Angelegenheiten in der Geschichte nur schrittweise durchgesetzt. In diesem Fall kann man sagen, daß die Praxis der amerikanischen Justiz früher die Angemessenheit des amerikanischen Rechts noch nicht zeigen konnte, und die damaligen Richter Fehlurteile fällten.
Der Richter ist nach Dworkins interpretativer Konzeption aufgefordert, das eigentliche Recht von Fehlurteilen zu reinigen und die präexistierenden, aber früher in Fehlurteilen abgelehnten Rechte zu bestätigen. Hier hat Dworkins Theorie ein von der üblichen Meinung abweichendes Verständnis von der Aufhebung früherer Urteile (overruling), nämlich daß die Aufhebung eines Präzedenzfalls kein Vorspiel zu einer neuen Rechtsschöpfung ist.
Wenn die Aufhebung eines Präzedenzurteils nur die Beseitigung eines Widerspruches zur wahren Tradition dieses Rechtssystems bedeutet, dann dient sie der Wiederherstellung der alten Rechtstradition. Hart erläutert diese Lehre wie folgt: "... when courts overrule some past decision, the later new decision is normally treated as stating what the law has always been, and as correcting a

---

27 Stephen Guest, Ronald Dworkin, Edinburgh: Edinburgh University Press 1992, S. 132.

28 Ronald Dworkin, "Natural" Law Revisited, in: University of Florida Law Review Vol. 34 (1982), S. 165-188; S. 178.

mistake ..."[29]. Dworkin sagt: "[Judges] claim ... that the new statement is required by a correct perception of the true grounds of law even though this has not been recognized previously, or has even been denied"[30]. Bodenheimer erläutert: "... [judges] are perfectly justified in enforcing hitherto unrecognized rights, provided these rights are rooted in the institutional structure ..."[31]. Und Greenawalt: Der Richter soll die Fehlurteile aufheben "because of their inconsistency with broad common law or constitutional principles"[32].
Wer die Aufhebung eines Präzedenzurteils als Fehlurteil und die Erweiterung der Rechte durch das neuerliche Urteil als Rechtsschöpfung versteht, irrt demnach.

3.3 Analogie als Rechtsschöpfung?

Wenn Dworkin sich der Analogie bedient, dann muß gefragt werden, wie die Analogie traditionell in der Rechtswissenschaft verstanden wird. Zuerst betrachte ich die Ansicht der deutschen Rechtswissenschaft.

---

29 Herbert L. A. Hart, American Jurisprudence through English Eyes: The Nightmare and the Noble Dream, in: Georgia Law Review, Vol. 11 (1977), S. 969-989; S. 978.

30 LE, S. 6.

31 Edgar Bodenheimer, Hart, Dworkin, and the Problem of Judicial Lawmaking Discretion, in: Georgia Law Review, Vol. 11 (1977), S. 1143-1172; S. 1157. - Bodenheimer sagt weiter: "... Dworkin's theory allows the judge to recognize new rights, as long as these are rooted in the institutional traditions of society ..." (S. 1161). Nach allem, was ich bisher ausgeführt habe, dürfen wir den Ausdruck "*new* rights" nicht allzu wörtlich nehmen.
R. Lea Brilmayer vertritt dieselbe Ansicht: "... the only way to justify the overruling is on the basis of hitherto unrecognized 'rights'; ... if there are such 'rights', it seems wrong to deny them in the present case" (The institutional and empirical Basis of the Rights Thesis, in: Georgia Law Review, Vol. 11 [1977], S. 1173-1199, S. 1194).

32 Kent Greenawalt, Policy, Rights, and Judicial Decision, in: Ronald Dworkin and Contemporary Jurisprudence (hrsg. von Marshall Cohen), Totowa (New Jersey): Rowman & Allanheld 1984, S. 90.

3.3.1 Die Analogie im deutschen Rechtssystem

Im deutschen Rechtssystem basiert die praktische Tätigkeit der Justiz im wesentlichen auf geschriebenen Gesetzen. Wie im letzten Kapitel gesagt, ist es unwahrscheinlich, daß der Gesetzgeber alle tatsächlich vorkommenden Sachverhalte im voraus bedenken und regeln kann. Unter diesen Umständen sind Gesetzeslücken ein übliches und unvermeidliches Phänomen in den euro-kontinentalen Rechtssystemen.

Wenn der Richter in diesen Rechtssystemen an geschriebene Gesetze gebunden ist, dann wird seine Tätigkeit vom Wortsinn der Gesetze eingeschränkt. Obwohl nun manche Fälle nicht vom Recht geregelt, d.h. vom Wortsinn des Gesetzes abgedeckt werden, darf der Richter im Zivilprozeß die Parteien dennoch nicht mangels Rechtsvorschrift ohne Urteil nach Hause schicken. Um mit diesem Problem fertig zu werden, ist die Analogie in der deutschen Rechtswissenschaft ein Mittel zur richterlichen Rechtsfortbildung geworden.

Wie bekannt, gehört ein rechtlich nicht geregelter Fall *vom einem abstrakteren Gesichtspunkt* aus nicht unbedingt einem neuen Problemtyp an. Durch die Analogie will man gerade solche Fälle, die nicht vom Wortsinn des Gesetzes erfaßt werden und die trotzdem bezüglich spezifischer Verhältnisse mit einem anderen vom Gesetz geregelten Fall übereinstimmen, nach derselben Rechtsvorschrift behandeln, um eine Gleichbehandlung gleicher Fälle zu erreichen. So ist z.B. in § 19 des Zivilgesetzbuchs (ZGB) von Taiwan, das sich stark am deutschen Recht orientiert, eine Schadensersatzpflicht für den Eingriff in den Namen natürlicher Personen vorgesehen. Über den Eingriff in den Namen juristischer Personen, wie z.B. Körperschaften, schweigt sich das Gesetz aus, so daß hier eine Lücke besteht. Doch kann der Richter in dieser Situation wegen vergleichbarer Verhältnisse in beiden Fällen nach § 19 ZGB Schadensersatz zusprechen. Larenz erklärt: "Unter einer Analogie verstehen wir die Übertragung der für einen Tatbestand (A) ... im Gesetz gegebenen Regel auf einen vom Gesetz nicht geregelten, ihm 'ähnlichen' Tatbestand (B). Die Übertragung gründet sich darauf, daß infolge ihrer Ähnlichkeit in den für die gesetzliche Bewertung maßgebenden Hinsichten beide Tatbestände *gleich zu bewerten* sind, also auf die Forderung der Gerechtigkeit, Gleichartiges gleich zu behandeln"[33].

---

33 Karl Larenz, Methodenlehre der Rechtswissenschaft, Berlin: Springer ²1992, S. 269.

Weil man den Rechtsbegriff "natürliche Person" auf keinen Fall so auslegen kann, daß z.B. eine Körperschaft unter ihn subsumiert werden könnte, ist das, was der Richter im Fall des § 19 ZGB tut, keine Auslegung mehr, sondern ein Analogieschluß im strengen Sinne, der über den möglichen Wortsinn des Gesetzes hinausgeht und dementsprechend in der deutschen Rechtswissenschaft als richterliche Rechtsfortbildung angesehen wird.
Zippelius teilt diese in der deutschen Rechtswissenschaft etablierte Ansicht und sagt: "[Trotz der] Gemeinsamkeit der hermeneutischen Erwägungsweise darf jedoch nicht die *Grenze* übersehen werden, die *zwischen Gesetzesauslegung und Lückenausfüllung* besteht. Sie ist durch den möglichen Wortsinn der gesetzlichen Vorschriften gezogen: Innerhalb des Bedeutungsspielraums der Gesetzesworte vollzieht sich die Auslegung. Wo diese Grenze überschritten wird, handelt es sich um das Aufdecken und die Ausfüllung von Gesetzeslücken"[34]. Uwe Wesel meint ebenfalls: "Die Grenze zwischen Analogie und Auslegung ist ... der noch mögliche Wortsinn"[35].
Die Aufgabe der Analogie im strengen Sinne ist die Ausfüllung von Rechtslücken, während die Auslegung als Rechtsfindung kraft des existierenden Rechts angesehen wird. Auch Engisch befürwortet diese herkömmliche Unterscheidung und meint ebenfalls: "Soweit die Auslegung zur Beantwortung von Rechtsfragen hinreicht, bleiben also dem Rechte Lücken ferne. Dagegen besitzt die 'Analogie' bereits eine rechtsergänzende Funktion"[36].
Diese Auffassung besagt nichts anderes, als daß die Analogie im strengen Sinn richterliche Rechtsschöpfung ist. Die Analogie ist ein übliches und erlaubtes Mittel für die Richter im Zivilprozeß, dagegen ist sie wegen des Prinzips "nulla poena sine lege" im Strafprozeß streng verboten.

3.3.2 Die Analogie in den Fallrechtssystemen

In den Fallrechtssystemen ist der Präzedenzfall das Gesetz. Wenn ein neuer Fall von keinen Präzedenzfällen abgedeckt wird, dann soll der Richter sich hier um der Gleichbehandlung gleichartiger Fälle willen auch der Analogie bedienen.

---

[34] Zippelius, Juristische Methodenlehre (wie Anm. 12), S. 66.
[35] Uwe Wesel, Juristische Weltkunde, Frankfurt a. M.: Suhrkamp [5]1990, S. 178.
[36] Karl Engisch, Einführung in das juristische Denken, Stuttgart / Berlin / Köln: Kohlhammer [8]1989, S. 141.

Zur Bedeutung von "analogy" schreibt ein US-amerikanisches Rechtswörterbuch: "Identity or similarity of proportion, where there is no precedent in point. In cases on the same subject, lawyers have recourse to cases on a different subject-matter, but governed by the same general principle. This is reasoning by analogy. The similitude of relations which exist between things compared"[37].
Bemerkenswert ist hier die Unterscheidung von "subject" und "subject-matter". Das "subject" bezeichnet den durch eine *abstraktere* Betrachtungsweise hergestellten Problemkreis. Z.B. hält Dworkin die Freigabe von Verhütungsmitteln für den Präzedenzfall, auf den Dronenburg sich berufen kann, da sie zu demselben Problemkreis gehört. In der Analogie betrachtet der Interpret - sowohl in den euro-kontinentalen wie auch in den Fallrechtssystemen - die verglichenen Sachverhalte immer unter einem abstrakteren Aspekt. Deshalb kann der Interpret behaupten, daß es bei der Homosexualität und der Freigabe des Verhütungsmittels um ein gemeinsames "subject" geht. Homosexualität und Freigabe von Verhütungsmitteln sind nur unterschiedliche "subject-matters".
Nicht nur Dworkin spricht von Prinzipien; bei der Analogie ziehen alle Juristen Prinzipien heran. Entscheidend ist hier, ob sich Rechtsprinzipien als innerechtliche Maßstäbe bezeichnen lassen oder nicht. Ein Urteil, das gemäß einem aus den Präzedenzfällen ermittelten Prinzip ergangen ist, wird vom Konventionalismus nicht als gemäß bestehenden Rechts ergangen verstanden. Die Begründung dafür werde ich im folgenden Unterabschnitt behandeln.
Aus dem herkömmlichen Verständnis für die Analogie ergibt sich ein ernsthaftes Problem für Dworkin, dessen Rechtskonzeption auf der Analogie basiert, aber zugleich die richterliche Rechtsschöpfung ausschließen will.

3.3.2.1 Durch analogisches Vorgehen gewonnene Prinzipien als außerrechtliche Maßstäbe

Wie zu erwarten erklärt Dworkin in diesem Zusammenhang, daß Rechtsprinzipien als Bestandteile des Rechts gelten sollten und der Konventionalismus eine falsche Auffassung vertrete, nämlich ein einseitig konservatives Verständnis vom Bereich des Rechts.

---

[37] Black's Law Dictionary (hrsg. Joseph R. Nolan und M. J. Connolly), St. Paul (Minnesota): West Publishing CO. [5]1979, S. 77.

Der Konventionalismus legt höchsten Wert auf eine klare bzw. unumstrittene Antwort auf die Frage, was das Recht ist. Deshalb will er die aus den Präzedenzfällen ermittelten und auf abstrakte Weise formulierten Prinzipien nicht als Bestandteile des Rechts anerkennen, sondern vielmehr als Ergebnisse richterlichen Ermessens. Der Grund hierfür liegt darin, daß die Prinzipienargumentation - wie noch zu erörtern ist - ein wertorientiertes Denken ist, das auf persönlicher Wertung beruht. Dworkin meint zwar, daß die Prinzipien als Bestandteile des Rechts gelten sollten und jeder "hard case" in Wahrheit von ihnen abgedeckt sei, unklar bleibt jedoch, welches Rechtsprinzip den jeweiligen "hard case" regelt. In dieser Situation weiß man immerhin noch nicht, was die Rechte und die Pflichten der Bürger in einem konkreten Rechtsfall sind.

Z.B. bekennen sich die Vereinigten Staaten ohne Zweifel zur Gleichheit aller Menschen. In einer Reihe von Präzedenzfällen behandelte die amerikanische Rechtsinstitution Menschen aller Rassen gleich. Nun klagt ein Weißer gegen seine Universität, der wegen einer Quotenregelung bzw. umgekehrter Diskriminierung ("inverse discrimination") seinen Studienplatz an der medizinischen Fakultät einem Schwarzen überlassen muß, der seinen Noten zufolge weniger qualifiziert ist.

Zwei Richter formulierten in diesem Fall aufgrund aller Präzedenzfälle in Bezug auf die Rassenfrage zwei unterschiedliche Prinzipien. Das eine lautet: "*Jedes* Individuum in den Vereinigten Staaten soll *völlig ohne Rücksicht* auf seine Rasse behandelt werden". Die absolute Unantastbarkeit der individuellen Rechte wird dabei in den Vordergrund gestellt. Dworkin formuliert das andere Prinzip so: "Keine Maßnahme ist in den Vereinigten Staaten rechtlich erlaubt, die eine bestimmte Rasse für minderwertig hält und demzufolge benachteiligt". Im Hinblick auf die Würde des Menschen hält Dworkin es für wichtiger, Kränkungen zu unterbinden, als Rechte auf Befriedigung konkreter Interessen zu garantieren. Die Benachteiligung des weißen Studenten im obigen Fall resultiere nicht daraus, daß die Universität die Weißen für minderwertig hält. Deshalb handele die Universität rechtlich einwandfrei[38].

Die beiden abstrakt formulierten Prinzipien, die im vorliegenden Fall zu unterschiedlichen Entscheidungen führen, beruhen auf *Interpretationen desselben Rechtsmaterials.* In dieser Situation besteht unmittelbar der Verdacht, daß das bisherige Recht diesen *ganz spezifischen* Fall gar nicht wirklich regelte. Es ist völ-

---

[38] Vgl. MP, S. 298.

lig unklar, ob das Bekenntnis zur Gleichheit aller Rassen schon die Maßnahme der umgekehrten Diskriminierung in einer bestimmten Situation beinhalten sollte. Deshalb ist dieser Fall trotz der Argumentation aufgrund des bisherigen Rechtsmaterials nicht eindeutig zu entscheiden.
Während Dworkin für die Entscheidbarkeit jedes Rechtsfalls aufgrund des vorhandenen Rechtsmaterials plädiert, schreibt Levinson kritisch: "Dworkin's theory requires belief in a powerful intellectual consensus that can resolve all apparent conflicts by placing them within a single, coherent intellectual system. Except at the level of high-pitched abstraction, there is no good reason to believe that such a consensus exists"[39].
Die Ermittlung der Rechtsprinzipien anläßlich von Rechtsfällen, deren spezifische Inhalte noch nicht rechtlich geregelt sind, wird tatsächlich von persönlichen Präferenzen geleitet, wohingegen sie nach Dworkin eine Tätigkeit sein sollte, die auf dem Weg der Ermessenausübung zur Schließung von Rechtslücken gelangt. Deswegen sollte sich nach dem Konventionalismus jede Rechtsbestimmung auf einen deutlich begrenzten Lebenssachverhalt beschränken. Wenn es früher keinen Rechtsfall genau zu dem spezifischen Problem von "Quoten" gab, dann sollte man den Fall des weißen Studenten als rechtlich noch nicht geregelt ansehen[40].

3.3.3 Qualifikationen zum Rechtsprinzip

Dworkin kann sich schwer gegen das traditionelle Verständnis für die analogische Methode durchsetzen. Deshalb unternimmt er zwei Schritte, um seine wissenschaftlich umwälzende Anschauung zu verteidigen.

---

[39] Standford Levinson, Taking Law Seriously: Reflection on "Thinking Like a Lawyer", in: Stanford Law Review, Vol. 30 (1978), S. 1071-1109; S. 1083 f.

[40] Weil die Ermittlung der Prinzipien von persönlichen Präferenzen geleitet wird, können sie nach konventionalischer Auffassung in der Rechtssprechung "kein bestimmtes Ergebnis determinieren..." (Bre, S. 75). Dworkin sagt: "Ein Positivist könnte argumentieren, daß die Prinzipien nicht zum Recht gehören können, weil ihre Autorität ... von Anfang an *kontrovers* ist" (Bre, S. 76).

3.3.3.1 Rücksicht auf die *ganze* Rechtstradition

Erstens: Dworkin setzt voraus, daß sich ein Prinzip als Bestandteil des Rechts nur insofern qualifizieren kann, als es in der Lage ist, *alle* Präzedenzfälle zu rechtfertigen. Dies bedeutet nichts anderes, als daß der Richter beim Herausarbeiten der Rechtsprinzipien verpflichtet ist, die gesamte Rechtstradition zu berücksichtigen. Deshalb können die durch die richterliche Argumentation gewonnenen Rechtsprinzipien so verstanden werden, daß sie ihre Unterstützung im *ganzen* Rechtssystem haben und die wahre Tradition widerspiegeln. Die Bezeichnung "integrity" bedeutet gerade den Zusammenhalt des Ganzen. "Law as integrity replies that the grounds of law lie in integrity, in the best constructive interpretation of past legal decisions ..."[41].
Durch diese Einschränkung kann der Richter die von der Rechtsinstitution als solcher vertretene Moralität praktizieren. "... how can a decision in a hard case not create duties retroactively? Because, says Dworkin, it is part of the responsibility incident to the office of a judge to make only such decisions as he can justify within a political theory that also justifies all the rest of law"[42]. Dworkins Konzeption "means, in short, that law should always be ... interpreted, so as to form an integral whole"[43]. "[The judge] must extend his search in hard cases beyond the legal standards in any particular rule to those implicit in the legal system as a whole"[44]. Kann man ein Rechtsprinzip noch als ein Produkt der richterlichen Willkür bezeichnen, wenn es die ganze Rechtstradition auf einen Nenner bringt?
Die Rechtsbestimmungen beschränken sich nicht mehr auf die "plain facts" in den "rule books", sondern sie erweitern sich zu den allgemeinen Prinzipien, die aus der von der Rechtsinstitution praktizierten Moralität herausgearbeitet wurden. Das erst ist die Ganzheit der Rechtsbestimmungen. Dworkins Denkweise "distinguishes between the positive law - the law in the books, the law declared in the clear statements of statutes and past court decisions - and the full law, which it takes to be the set of principles of political morality that taken

---

41 LE, S. 262.
42 J. W. Harris, Legal Philosophies, London: Butterworths 1980, S. 182.
43 Guest, Ronald Dworkin (wie Anm. 27), S. 38.
44 Howard Davies und David Holdcroft, Jurisprudence, London: Butterworths 1991, S. 76.

together provide the best interpretation of the positive law"[45]. Der Richter läßt sich leiten von "law as integrity, which does not limit law to what convention finds in past decisions but directs him also to regard as law what morality would suggest to be the best justification of these past decisions"[46]. "[L]aw as integrity supposes that people have legal rights - rights that follow from past decisions of political institutions ... - that go beyond the explicit extension of political practices conceived as conventions"[47].

3.3.3.2 Nur eine einzige richtige Interpretation

Dworkin muß unbedingt noch einen weiteren Schritt machen, um diejenigen, die nur das Rule-Book-Modell des Konventionalismus akzeptieren wollen, davon zu überzeugen, daß die Rechtsprinzipien in seinem Sinne zum bestehenden Recht gehören. Seine Gegner können nochmals auf die oben durch das Problem der "Quoten" aufgeworfene Frage hinweisen: Welches Prinzip vertritt letztendlich die echte Meinung der Rechtsinstitution, wenn mehr als ein Prinzip alle Präzedenzfälle rechtfertigen kann? Es wäre nach Hart vernünftiger zuzugeben, daß das Recht als solches bisher zu dem vorhandenen *spezifischen* Thema keine Regelung enthält. Er sagt: "It is plain from Professor Dworkin's exposition that the underlying justificatory theory of the existing law from which the judges are to extract rules of decision includes principles that are hugely general and abstract and I find it difficult to believe that among these just one principle or set of principle can be shown to fit the existing law better than any other"[48].

Wegen dieses wichtigen Einwands muß Dworkin behaupten, daß es für jeden Rechtsfall immer nur eine einzige richtige bzw. beste Prinzipienargumentation gibt, die zu *einer* bestimmten Rechtsfolge führt. Nur wenn das Recht als solches für jeden Rechtsfall eine eindeutige Lösung anbietet, kann die jeweilige Partei im Rechtsprozeß beanspruchen, daß der Prozeß auf entweder die eine oder die

---

45 Dworkin, Law's Ambition for Itself (wie Anm. 5), S. 176. - "Positive law" bedeutet hier den vom Konventionalismus verfochtenen unumstrittenen Rechtsbereich, aber "full law" schließt außerdem die durch die richterliche Interpretation des ganzen "positive law" herausgearbeiteten Prinzipien ein.

46 LE, S. 119 f.

47 Ebd., S. 134.

48 Herbert L. A. Hart, Essays in Jurisprudence and Philosophy, Oxford: Oxford University Press 1983, S. 157.

andere Weise zu entscheiden sei und ihr deswegen bestimmte *rechtlich schon vorgesehene* Rechte zustehen.
Das ist der Grund, warum Dworkin seine äußerst wichtige, aber gleichzeitig stark angezweifelte Right-answer-These aufstellt, die im vierten Kapitel ausführlich erläutert werden soll.

3.4 Die Bildung der Fallgruppen als der umstrittenste Schritt im interpretativen Unternehmen

3.4.1 Welche Fälle sind wesentlich gleich?

Dworkin heftet seinen Blick als enthusiastischer Verfechter der Bürgerrechte stets darauf, ob der Staat die Bürger auf kohärente Weise behandelt, d.h. ob alle gleichen Fälle auf gleiche Weise behandelt werden. Die Analogie ist die am häufigsten gebrauchte Technik zur Verwirklichung dieses allgemeinen Ideals der Rechtswissenschaft. Wie Harris sagt: "... all lawyers are familiar with the judicial technique of reasoning by analogy, of getting ... mileage out of a precedent .... This practice, Dworkin contends, is evidence of a general assumption about fairness. If the plaintiff has a right to win in that earlier, similar case, is there any reason in justice for denying a right in the present case? Like cases should be treated alike"[49].
Dennoch weicht jeder Fall von jedem anderen ab. Zumindest können zwei Fälle nicht gleichzeitig an demselben Ort mit denselben Personen geschehen. Schon dies kann manchmal wichtig sein, weil zwei gleiche Taten, die von zwei Personen mit unterschiedlichen Hintergründen begangen wurden, rechtlich ungleich bewertet werden sollten.
Zwei Fälle können sich allenfalls ähnlich sein. Warum aber ist der Richter berechtigt, zwei stets mehr oder weniger voneinander abweichende Fälle auf gleiche Weise zu behandeln?
Der Interpret soll in dieser Situation argumentieren, daß die verglichenen Fälle nur in für die juristische Bewertung irrelevanten Punkten voneinander ab-

[49] Harris, Legal Philosophies (wie Anm. 42), S. 183.

weichen. Larenz erklärt hierzu: "Daß zwei Sachverhalte einander 'ähnlich' sind, besagt, daß sie in einigen Hinsichten übereinstimmen, in anderen aber nicht. Stimmen sie in allen überhaupt in Betracht zu ziehenden Hinsichten überein, so wäre sie 'gleich'. Die Tatbestände dürfen also einander weder gleich noch absolut ungleich sein; sie müssen aber gerade in den für *die rechtliche Bewertung* maßgebenden Hinsichten übereinstimmen. Ob das der Fall ist oder nicht, das läßt sich nicht nur mit Hilfe der logischen Kategorien der 'Identität' und der 'Nichtidentität' bestimmen ..."[50]. Kaufmann sagt bündig: "Bei aller Analogie handelt es sich um eine Gleichsetzung von Ungleichem unter einem sich als wesentlich erweisenden Gesichtspunkt ..."[51].
Welche Gesichtspunkte sind nun aber für die rechtliche Bewertung maßgebend? Es ist immer schwierig, zu beurteilen "whether the present case resembles the plain case 'sufficiently' in 'relevant' respects"[52].
Anhand eines von Dworkin selbst angeführten Beispiels werde ich diese Schwierigkeit weiter verdeutlichen.

3.4.2 Der Fall "McLoughlin"

Nachdem Frau McLoughlin durch die Mitteilung ihrer Nachbarn erfahren hatte, daß ihr Mann und ihre vier Kinder nach einem schweren Autounfall um 16 Uhr ins Krankenhaus eingeliefert worden waren, eilte sie zu ihnen. Als sie um 18 Uhr im Krankenhaus sah, daß ihre Tochter bereits gestorben und die Situation der anderen auch extrem ernst war, bekam sie einen Schock.
Später verklagte Frau McLoughlin den fahrlässigen Fahrer auf Schadensersatz für ihre emotionale Verletzung.
Es hatte schon manche ähnliche Präzedenzfälle gegeben. Aber diejenigen Familienangehörigen, die emotional verletzt wurden, waren entweder direkte Zeugen des Unfalls oder nach wenigen Minuten schon am Unfallsort gewesen. In den Präzedenzfällen beriefen sich die Richter auf folgendes Prinzip: "People

---

50 Larenz, Methodenlehre der Rechtswissenschaft (wie Anm. 33), S. 269.

51 Arthur Kaufmann, Rechtsphilosophie im Wandel, Köln / Berlin / Bonn / München: Carl Heymanns Verlag KG 1972, S. 295.

52 Herbert L. A. Hart, The Concept of Law, Oxford: Oxford University Press ^{2}1972, S. 124.

who act carelessly are liable only for reasonably foreseeable injuries to others" und sie urteilten zugunsten derjenigen, die emotional verletzt wurden[53].
Frau McLoughlin verlor den Prozeß vor dem erstinstanzlichen Gericht, weil sie weder direkt beim Unfall zugegen noch kurz darauf am Unfallsort war, ihre Situation also von der der Präzedenzfälle abwich.
Dennoch sprach sich das höchste Gericht, das "House of Lords", schließlich für McLoughlin aus. Das "House of Lords" behauptete, es sei "reasonably foreseeable", daß eine Mutter auch zwei Stunden nach dem Unfall durch die erschreckende Szene im Krankenhaus emotional verletzt werden kann.
Mit diesem Fall will Dworkin das Ideal von "law as integrity" verdeutlichen, daß nämlich der Staat in allen wesentlich gleichen Fällen prinzipiengemäß handeln bzw. seine Bürger auf konsistente Weise behandeln soll.
Aber unterschiedliche Menschen können uneins darüber sein, ob es selbstverständlich ist, daß die emotionale Verletzung von Frau McLoughlin, die vor ihrer Ankunft im Krankenhaus von dem Unfall ohnehin schon gewußt hatte und die mögliche schlimme Szene ahnen konnte, ebenso "reasonably" voraussehbar war wie die Verletzung der Kläger in den Präzedenzfällen, die *völlig unerwartet* den Unfall miterlebten und einen Schock erlitten. Der Fall von Frau McLoughlin wich insoweit von den Präzedenzfällen ab.
Es kann unendlich viele Aspekte geben, anhand derer wir zwei Gegenstände miteinander vergleichen. Verschiedene Menschen würden jeweils unterschiedliche Aspekte für maßgebend halten. Während Dworkin diese Abweichung als völlig trivial einschätzt, ist schon das erstinstanzliche Gericht in Bezug auf diesen Rechtsfall nicht mit ihm einverstanden. Hart sagt zutreffend: "This process of 'distinguishing' the earlier case involves finding some legally relevant difference between it and the present case, and the class of such differences can never be exhaustively determined"[54].
Wenn ein Richter im Fall McLoughlin nicht mit Dworkin einverstanden ist, dann stellt dieser Fall ein neuartiges Problem dar. Unter diesen Umständen darf sich Frau McLoughlin überhaupt nicht auf diejenigen Fälle berufen, die Dworkin als Präzedenzurteile für ihren Fall betrachtet.
Dworkin denkt lediglich an diejenige Situation, in der die Präzedenzfälle für den zur Entscheidung anstehenden Fall schon festliegen, d.h. unumstritten sind. In dieser Situation hat der Richter nur noch die Frage zu beantworten, wie er die

---

53 LE, S. 26.
54 Hart, The Concept of Law (wie Anm. 52), S. 131.

Entscheidungsweise dieser Präzedenzfälle mit einer einzigen Moraltheorie rechtfertigt. Ein Problem kann nur dort auftauchen, wo zwei oder mehrere unterschiedliche Prinzipien, denen unterschiedliche Moralanschauungen zugrunde liegen, wegen ihrer besonderen Abstraktheit und Allgemeinheit jedes für sich alle Präzedenzfälle erklären können.
Dagegen meine ich, daß der umstrittenste Schritt im interpretativen Unternehmen die Lösung der folgenden Frage ist: Welche Fälle sind die einschlägigen Präzedenzfälle des vorliegenden Falles?

3.4.3 Worum geht es in einem Fall?

Soll ein bestimmter Fall entschieden werden, so liegt die erste Aufgabe des Richters nicht darin, aufgrund seiner Moraltheorie aus den einschlägigen Präzedenzfällen ein Rechtsprinzip zu ermitteln, sondern er muß zuerst wissen, worum es in dem ihm vorliegenden Fall geht, d.h. welche Art von Problem der vorhandene Rechtsfall nach seinem Sachverständnis darstellt. Erst dann kann der Richter diejenigen Präzedenzfälle aussuchen, die seiner Meinung nach dasselbe Problem enthalten. Hier ist der Raum für die persönliche Wertung des Richters sehr groß.
Z.B. kann man fragen: Geht es bei der Abtreibung um den Schutz des Lebens oder vielmehr um die freie Entfaltung der Persönlichkeit der Frauen? Ich habe im Fernsehen die Meinung einer Abtreibungsgegnerin gehört, die besagt, daß es bei der Abtreibung wegen des Daseins eines anderen Lebens überhaupt nicht um Selbstbestimmung, sondern gerade um "Fremdbestimmung" (Bestimmung über ein anderes Leben) gehe. Wenn der Interpret nach seiner Moraltheorie keinen Grund dafür sehen kann, daß der Fötus weniger wertvoll als schon geborene Menschen ist, dann haben schwangere Frauen trotz des rechtlich verankerten Prinzips für den Schutz aller privaten sexuellen Angelegenheiten immer noch kein Recht auf Abtreibung, eben weil der Interpret Abtreibung nicht als private Angelegenheit betrachtet. Hingegen ist Dworkins Ansicht, mit der Freigabe von Verhütungsmitteln sei zugleich eine Basis für das Recht auf Abtreibung gegeben, zweifelhaft. Manche Menschen würden fragen: Was haben die beiden Angelegenheiten miteinander zu tun?
Wir können noch ein anderes Beispiel betrachten. Die Minderjährigkeit ist im Recht ein wichtiger Faktor. Was die Erwachsenen tun dürfen, ist nicht selbstver-

ständlich auch den Kindern erlaubt. Vielmehr halten wir tatsächlich manche Angelegenheiten, die den Erwachsenen erlaubt sind, für selbstverständlich verboten für Minderjährige. Z.B. haben Kinder auch in einem liberalen Staat keinen Zugriff auf Alkohol und Zigaretten.
Wenn ein konservativer Richter die sexuelle Betätigung von Minderjährigen für schädlich hält und die Freigabe von Verhütungsmitteln für sie als Ermutigung ansieht, könnte er meinen, daß es in der Frage der sexuellen Betätigung Minderjähriger nicht um die freie Entfaltung der Persönlichkeit, sondern um den Schutz der Minderjährigen geht. Demnach sollten verliebte Minderjährige trotz der Erlaubtheit von Verhütungsmitteln für Ehepaare und erwachsene Liebespaare immer noch kein Recht auf den Gebrauch von Verhütungsmitteln haben. Der Richter würde im Gerichtssaal den verliebten Jugendlichen und ihrem Anwalt sagen, daß die Präzedenzfälle für die Freigabe von Verhütungsmitteln für Ehepaare und erwachsene Liebespaare leider nicht ihre Präzedenzfälle sind und sie nicht zum gemeinsamen Problemkreis gehören, sondern die ihrem Fall entsprechenden Präzedenzfälle diejenigen sind, in denen das Gericht Kindern den Zugriff zu pornographischen Zeitschriften, Videokassetten, usw. versagt hat.
Die heranzuziehenden Präzedenzfälle stehen dabei nicht etwa für jeden neuen Fall im voraus fest, sondern es ist Aufgabe des Richters, die jeweils einschlägigen Präzedenzfälle auszuwählen, wobei er sich von seinem Sachverstand leiten läßt. Diese Auswahl, d.h. die Bildung einer geeigneten Gruppe von Präzedenzfällen ist fast eine Vorwegnahme des am Ende zu fällenden Urteils, jedenfalls aber eine wesentliche Vorentscheidung. Sind sich zwei Richter bei dieser Auswahl uneinig, und wählen sie deshalb jeweils unterschiedliche Präzedenzfälle als Entscheidungsgrundlage für den vorliegenden Fall aus, so führt sie das unterschiedliche Rechtsmaterial mit großer Wahrscheinlichkeit zu unterschiedlichen Rechtsprinzipien und zu unterschiedlichen Urteilen.

3.4.4 Die Notwendigkeit der Wertung bei der Feststellung eines Problemkreises

Dworkin unterschätzt die Schwierigkeiten bei der Suche nach einem unumstrittenen Maßstab für die Bildung einer Fallgruppe bzw. die Feststellung eines Problemkreises. Er sagt angesichts des Falles McLoughlin nur: "... judges are able, in every field of the law, to apply words like 'reasonable' ... by deciding whether some new case is more like or more unlike cases in which such words have been applied in the past"[55].

Wie im nächsten Kapitel erörtert wird, gilt nach Dworkin diejenige Interpretation als die beste oder sozusagen die einzig richtige, die die Präzedenzfälle am besten erklären kann. Deshalb gibt es nach Dworkin in der Phase der Interpretation der Präzedenzfälle sehr wohl eine institutionelle Kontrolle für ihre Richtigkeit.

Dagegen fehlt, wenn die Interpreten wegen ihrer unterschiedlichen Wertanschauungen in der Phase der Bildung der Fallgruppe miteinander streiten, ein ausschlaggebendes Kriterium zur Beurteilung der Frage, wessen Klassifikation der Fälle richtig ist. Das Problem der Bildung von Fallgruppen ist also keineswegs leichter als die Herausarbeitung von Rechtsprinzipien durch die Interpretation der festgestellten Präzedenzfälle.

Dworkin sollte meiner Ansicht nach betonen, daß die Moraltheorie des Interpreten nicht nur zur Interpretation aller Präzedenzfälle, sondern *zuerst* zu deren Zuordnung dient. Die Klassifikation der Fälle ist ohne Zweifel die erste und vielleicht die wichtigste Aufgabe im Verfahren der Prinzipienargumentation.

Obwohl Dworkin selbst den Schwerpunkt des interpretativen Unternehmens verkennt, bedeutet das nicht, daß seine Theorie keine Lösung dieses Problems anbieten kann. Ganz im Gegenteil ist Dworkins interpretative Konzeption meiner Ansicht nach gerade am besten in der Lage, dieses bisher als unbewältigt angesehene Problem zu bewältigen, denn moralische Richtigkeit ist nach Dworkin nicht auf Übereinstimmung angewiesen. Es ist im Kontext von Dworkins Theorie möglich, daß jeder Interpret ohne Zustimmung der anderen seine Zuordnung der Rechtsfälle als die einzige richtige Klassifikation der Rechtsfälle vertritt. Darum geht es im folgenden Kapitel.

---

55 Dworkin, Reagan's Justice (wie Anm. 3), S. 31.

4 Die Bedeutung von Dworkins Right-answer-These

4.1 Die moralische Attraktivität der Right-answer-These

Menschen neigen manchmal zu einer Behauptung, nur weil sie ihnen nach ihren Wertvorstellungen wünschenswert bzw. attraktiv erscheint. Spielt diese Mentalität bei der Right-answer-These von Dworkin eine Rolle? Brilmayer erläutert den Vorteil der Right-answer-These so: "... if, as Dworkin asserts, the legal materials contain a unique right answer for every problem, then it would be desirable for courts to limit their consideration to these legal materials, since consideration of other factors would jeopardize pre-existing legal rights"[1].
Wenn man die Meinung von Dworkins Gegnern akzeptiert, muß man zugeben, "that at times the law does not supply an answer and the judge must exercise discretion relying on extra-legal materials in order to reach a decision. ... If we admit that there is not always a single right answer then we must face the unpleasant fact that judges must sometimes create new obligations after the fact"[2]. Wenn man nicht von Dworkins Right-answer-These überzeugt sei und demzufolge nicht jeden Rechtsfall als rechtlich geregelt ansehe, dann bleibe entweder die die individuellen Rechte völlig aushöhlende Konzeption des Pragmatismus oder die in "hard cases" auf das Ermessen zurückgreifende Konzeption des Konventionalismus übrig, deren Folgen im Hinblick auf den Schutz der individuellen Rechte "vernichtend" seien[3]. Brilmayer und Nickel erläutern, "that for every legal question that a judge might face there is a unique 'right answer' based upon existing legal materials, so that a judge need never exercise discretion. This thesis is closely linked to his [sc. Dworkin's] rejection of judicial attention to policies, since if Dworkin is mistaken and some cases have no right answer it seems appropriate for judges to decide on policy grounds"[4]. Deshalb äußert Dworkin bei der Auseinandersetzung mit seinen Gegnern: "... the no-

---

1 R. Lea Brilmayer, The institutional and empirical Basis of the Rights Thesis, in: Georgia Law Review, Vol. 11 (1977), S. 1173-1199, S. 1175.

2 R. Lea Brilmayer und James W. Nickel, Book Review für "Taking Rights Seriously", in: Columbia Law Review, Vol. 77 (1977), S. 823 f.

3 Bre, S. 448.

4 Brilmayer und Nickel, Book Review für "Taking Rights Seriously" (wie Anm 2), S. 823.

right-answer thesis, understood as a moral claim, is deeply unpersuasive in morality as well as in law"[5].

Aber auch Dworkin ist bewußt, daß seine Right-answer-These den meisten Juristen wenig plausibel erscheint. Er schreibt: "Anglo-American lawyers have on the whole been skeptical about the possibility of a 'right answer' in any genuinely hard case. If lawyers and judges disagree about what the law is, and no one has a knockdown argument either way, then what sense does it make to insist that one opinion is right and others wrong? Surely, so the common view runs, there are only different answers to the question of law and no one right or best answer"[6].

Wir müssen fragen, ob sich die Right-answer-These lediglich auf die o.g. hauchdünne Basis stützt, nämlich auf ihre moralische Attraktivität. Auch Dworkin selbst hat sich diese Frage gestellt: Die Right-answer-These "wird von der attraktiven Einstellung gestützt, die ich beschrieben habe. Gibt es auch Argumente, die sie stützen?"[7].

4.2 Der Weg der Negation

4.2.1 Doppelte Herausforderung an Dworkins Adresse

Nach Dworkin gibt es zwei Arten von Skeptizismus, die seine Right-answer-These herausfordern. Der "interne Skeptizismus" zweifelt daran, ob die bisherige amerikanische Rechtspraxis überhaupt "consistency in principle" aufweist und

---

5 LE, S. ix.

6 MP, S. 3. - Z.B. meint Herbert L. A. Hart: "Judicial decision, especially on matters of high constitutional import, often involves a choice between moral values ...; ... it is folly to belive that where the meaning of the law is in doubt, morality always has a clear answer to offer. At this point judges may again make a choice which is neither arbitrary nor mechanical; and here often display characteristic judicial virtues .... These virtues are: impartiality and neutrality in surveying the alternatives; consideration for the interest of all who will be affected .... No doubt because a plurality of such principles is always possible it cannot be *demonstrated* that a decision is uniquely correct" (The Concept of Law, Oxford: Oxford University Press [2]1972, S. 200).

7 Bre, S. 449.

sich also durch *eine* einzige Moraltheorie erklären läßt. Dieses Thema wird im nächsten Kapitel untersucht. Im vorliegenden Kapitel behandle ich zunächst den "externen Skeptizismus".

4.2.2 Die grundlegende These des externen Skeptizismus

Wenn Dworkin selbst von einer "*einzig richtigen* Antwort" spricht, muß er selbstverständlich folgende Fragen bejahend beantworten: "... can one sensibly think he is right and others wrong? ... Can one interpretive view be objectively better than another ...?"[8]. Dworkin verkündet das Ziel seiner Lehre denn auch so: "I should offer arguments about what makes one interpretation of a social practice better than another"[9]. Diese Absicht zieht sich sofort den Einwand des externen Skeptikers zu.

Der externe Skeptizismus richtet sich in Wirklichkeit nicht speziell gegen Dworkins Rechtsphilosophie, sondern generell gegen alle wertenden Aussagen in allen Bereichen des Lebens. Wenn man irgendeine Sache als objektiv besser, schlechter, richtiger oder wertvoller als anderes ansieht, ist diese Bewertung in der Sicht des externen Skeptizismus völlig unberechtigt. Der externe Skeptizismus vertritt die Auffassung, daß nichts objektiv als besser, richtiger oder wertvoller als etwas anderes angenommen werden kann, weil ein objektives Wertkriterium gar nicht existiert.

Der Einwand des externen Skeptizismus geht von seiner Ablehnung der herkömmlichen Wahrheitsanschauung der Korrespondenz aus, die meint: Wenn es ein objektives Wertkriterium gäbe, dann müßte eine wertbehaftete "transcendental reality" wie die platonische "Idee" bestehen[10]. Könnte man die Korrespondenz zwischen seiner normativen Aussage und dieser transzendenten Realität beweisen, würde sie die Wahrheit sagen. Die Behauptung eines solchen mysteriösen Wertmaßstabes in einem "special metaphysical moral realm" ist jedoch nach dem externen Skeptizismus schlechterdings Unfug[11]. Es gibt kein objektives Wertkriterium "out there" in "the fabric of the universe" und dementsprechend kann niemand sagen, daß irgendeine Sache, z.B. ein richterliches

---

[8] LE, S. 76.
[9] Ebd., S. 86.
[10] Ebd., S. 83. - vgl. Bittner, RaiP, S. 75 f.
[11] Ebd., S. 81.

Argument, objektiv besser sei als die Argumente der anderen, oder welches von mehreren Argumenten das beste sei[12].

4.2.3 Der Status wertender Äußerungen

Aber der externe Skeptizismus enthält sich trotz des Fehlens objektiver Wertkriterien keineswegs moralischer Äußerungen. Z.B. darf man als externer Skeptiker die folgenden Positionen vertreten: "Abtreibung ist falsch, und Apartheid ist ungerecht!". Jedoch sind diese Meinungen nicht objektiv zu begründen, und sie können objektiv auch nicht als richtiger als beliebige andere Meinungen angesehen werden[13]. "Der externe Skeptiker ... propagiert einerseits bestimmte moralische Überzeugungen und Positionen, z.B. daß Sklaverei ungerecht ist. Er äußert aber andererseits, daß Sklaverei nicht objektiv ungerecht sei, weil die Ungerechtigkeit der Sklaverei kein objektives Faktum in einer transzendenten metaphysischen Welt sei"[14].

Dworkin erklärt den Standpunkt des externen Skeptizismus anhand der Lehre von J. L. Mackie, der auf den Status moralischer Äußerungen eingeht[15]. J. L. Mackie unterscheidet die "moralischen Urteile erster Ordnung" von der "ethischen Äußerung zweiter Ordnung". Bei der ersten Ordnung handelt es sich darum, "bestimmte Einzelhandlungen oder bestimmte Arten von Handlungen als richtig bzw. falsch zu kennzeichnen"[16]. Z.B. "Diebstahl ist falsch". Die zweite Ordnung fragt nach dem Status moralischer Äußerungen. Gefragt wird z.B., ob in einem moralischen Urteil erster Ordnung begründbare Erkenntnis vermittelt wird oder nur z.B. der Geschmack einer Person, ein subjektives Gefühl oder ein persönliches Interesse ausgedrückt wird.

Die normativen Aussagen entbehren in der Sicht des externen Skeptizismus jeglichen objektiven kognitiven Wertes. Er will eigentlich auch keinen Anspruch auf allgemeine Anerkennung seiner moralischen Äußerungen erheben. J. L. Mackie erläutert diese Position: "Diese Auffassungen erster und zweiter Ord-

---

[12] Ebd., S. 80 und 83.

[13] Vgl. Bittner, RaiP, S. 78 f.

[14] Ebd., S. 78 f.

[15] Vgl. LE, S. 78 ff.

[16] John Leslie Mackie, Ethik - Auf der Suche nach dem Richtigen und Falschen, übersetzt von Rudolf Ginters, Stuttgart: Reclam 1983, S. 7.

nung sind nicht nur voneinander verschieden, sondern auch voneinander vollkommen unabhängig: Jemand kann ethischer Skeptiker zweiter Ordnung sein, ohne zugleich auch ethischer Skeptiker erster Ordnung sein zu müssen .... Jemand kann sehr feste moralische Überzeugungen ... vertreten und zugleich behaupten, dabei handele es sich nur um von ihm selbst ... eingenommene Einstellungen ..."[17].

4.2.4 Dworkins Erwiderung auf die skeptische Kritik

Dworkin erwidert, der externe Skeptizismus unterstelle ihm einen Standpunkt, den er in Wirklichkeit nicht einnehme. Er nimmt die Kritik des externen Skeptizismus zu Kenntnis und sagt: "Man wird mich daher der Auffassung beschuldigen, daß es für ein Rechtsproblem immer eine 'richtige Antwort' gebe, die im Naturrecht zu finden ist oder in einem transzendentalen Tresor verschlossen ist"[18].

Aber Dworkin lehnt einen solchen mysteriösen Gedanken von vornherein strikt ab; er erscheint ihm genauso absurd und lächerlich wie dem externen Skeptizismus: "Die Rechtstheorie des Tresors ist natürlich unsinnig"[19]. Er sagt: "[I do not believe] that there are what are sometimes called 'transcendent' or 'Platonic' moral facts; indeed I do not know what these would be"[20]. Dworkin fügt hinzu, nie habe er an "any of this nonsense about brute facts" oder an die sogenannten "ontologically independent meanings scattered among the furniture of the universe" geglaubt[21]. Es ist seiner Ansicht nach unsinnig, zu sagen, "that interpretive meanings are 'out there' in the universe or that correct legal decisions are located in some 'transcendental reality"[22].

Soweit sind sich Dworkin und der externe Skeptizismus vollkommen einig. Er sagt: Viele Kritiker glauben "that in spite of my many disclaimers, I was committed to a silly metaphysical theory of interpretation, according to which meanings are 'just there' in the universe ... and the interpretation is therefore the

[17] Ebd., S. 13.
[18] Bre, S. 353.
[19] Ebd., S. 353.
[20] MP, S. 138.
[21] Ebd., S. 167 und 168.
[22] LE, S. 83.

discovery of brute, noninterpretive, and recalcitrant facts. Of course I never said any of these things, and denied them all"[23].

4.2.4.1 Das "natürliche Modell"

Dworkin unterscheidet zwei Modelle zur Wahrheitsfindung, nämlich das "natürliche" und das "konstruktive" Modell, um später seine neuartige Wahrheitsanschauung von der traditionellen Anschauung der Korrespondenz deutlich abzugrenzen. Im folgenden Abschnitt werde ich das "konstruktive Modell" erörtern, das auf Rawls' Methode des "reflective equilibrium" beruht[24]. Hier stelle ich den Inhalt des natürlichen Modells vor.

Nach dem natürlichen Modell sind alle Moralüberzeugungen "Hinweise auf das Wesen und die Existenz abstrakterer und grundlegenderer Moralprinzipien, wie physikalische Beobachtungen Hinweise auf die Existenz und Beschaffenheit physikalischer Grundgesetze sind"[25]. Wenn man in der Ethik ein natürliches Modell verficht, dann sind die vom Subjekt akzeptierten Moralprinzipien vergleichbar mit physikalischen Grundsätzen, die "eine objektive moralische Realität [beschreiben], das heißt, sie werden nicht von Menschen oder Gesellschaften geschaffen, sondern vielmehr von ihnen entdeckt, wie Gesetze der Physik entdeckt werden"[26]. Dworkin lehnt dieses Modell ab.

Trotzdem glaubt Smith, daß Dworkins Right-answer-These in Wirklichkeit ein natürliches Modell impliziert: wie sonst könnte Dworkin von der Existenz einer "right answer" sprechen? Er meint: "... the metaehtical presuppositions of the right answer thesis require that Dworkin endorse some version of the natural model of morality, since only that model is committed to the existence of an objective moral truth"[27]. "This view of the nature of rights, together with the right answer thesis about law, quite obviously implies metaethical objectivism. For, if morality is subjective or relative, so that statements ... have no claim to objective truth, how can there be a right answer ..."[28].

---

[23] MP, S. 167.

[24] Vgl. Bre, 266 ff.

[25] Ebd., S. 267.

[26] Ebd., S. 267.

[27] M. B. E. Smith, Rights, Right Answer, and the Constructive Model of Morality, in: Social Theory and Practice, Vol. 5 No. 3-4 (1980), S. 409-426, S. 415.

[28] Ebd., S. 412.

Dies ist jedoch ein fehlerhaftes Verständnis von Dworkins Theorie, obwohl der Grund dieses Mißverständnisses mit Blick auf den "common sense" verständlich ist. Sicherlich kann der folgende Satz von Dworkin viele Menschen verwirren: "... there can be a 'right answer' to the question which is best even when it is controversial what the right answer is"[29]. Munzer formuliert Dworkins ungewöhnliche Behauptung bündig: "While even ... judges would differ on which scheme is the soundest and while the rights they announce may be controversial in principle, their decisions are still decisions of antecedently existing legal rights"[30].
Wie kann man im Falle der Nichtübereinstimmung darauf beharren, im Besitz der "right answer" zu sein, ohne sich auf das natürliche Modell zu berufen und von den anderen die Anerkennung der objektiven Tatsachen zu fordern?

4.2.4.2 Der Sinn der Übereinstimmung bei Dworkin

Wir sind - vor allem bei Werturteilen - zu denken versucht, daß eine Antwort nur insoweit richtig genannt werden kann, als alle Menschen mit ihr einverstanden sind. Die intersubjektive Übereinstimmung ist nach einer populären Meinung Prüfstein der Wahrheit. Dworkin lehnt diese Auffassung ab.
Jedoch ist bei Dworkin mit der Übereinstimmung nicht der Konsens im Sinne von Diskursethik gemeint. Er kritisiert in seiner Theorie nur die traditionelle Wahrheitsanschauung der Korrespondenz, nämlich das o.g. natürliche Modell. Sie bedeutet, daß es z.B. in einer transzendenten, metaphysischen Welt eine platonische "Idee" als objektiven Maßstab der ethischen Wahrheit gebe. Könnte man das Dasein einer solchen externen Entität und die Korrespondenz zwischen einer normativen Aussage und ihr zeigen, so würde dieser Beweis dem natürlichen Modell zufolge jedermann zwingen, diese normative Aussage zu akzeptieren. Die herkömmliche Wahrheitsanschauung meint: "... no one's judgement can be constrained except by external, hard facts that everyone must agree about"[31]. Nicht durch Kommunikation, sondern unter dem Zwang der Tatsachen würde die Zustimmung auch der anderen erzielt.

---

29 LE, S. 80.

30 Stephen R. Munzer, Right Answer, Preexisting Rights, and Fairness, in: Georgia Law Review, Vol. 11 (1977), S. 1055-1068; S. 1055.

31 LE, S. 235.

Aber, wie gesagt, Dworkin hält eine Wahrheitsanschauung dieser Art für veraltet und unverständlich. Er fragt: "How could ... noumenal entities provide any argument for moral convictions?[32]".

4.2.4.3 Wahrheit ohne Beweis

Während, wie wir gerade gesehen haben, Smith Dworkin mißversteht, bemerkt Munzer vollkommen zutreffend: "He does not say that for every situation that arises a competent judge applying the theory [sc. Dworkin's theory of law] will be able to decide whether the plaintiff has the right he claims and that any other competent judge who applies the theory will reach the same conclusion. He recognizes ... that no such litmus paper test for rights and duties exists. Instead he holds that, despite the possibility of disagreement, properly decided cases announce antecedent rights and duties. That is the point of his statements that rights and duties, in hard cases, will be 'controversial in principle'. That is also why he allows that Hercules' decisions may be 'controversial' and why other judges following Dworkin's theory may reach results different from Hercules'. ... Other judges have the same body of legal material to work with, but their views ... will often not be the same as Hercules'"[33].

J. Mackie macht eine ähnliche Bemerkung über die interpretative Konzeption: "Suppose Hercules and another judge in the same jurisdiction, both following Professor Dworkin's methods, reach different conclusions about what the law on some issue is because each has reasoned coherently in the light of his own moral views"[34]. Griffiths sagt richtig: "The validity of a proposition of law, and the duty of a judge to recognize and enforce it, depend on arguments employing principles which are themselves controversial and which do not lend themselves to logically secure deductive manipulation"[35]. Eine andere Bemerkung von Griffiths ist auch vollkommen zutreffend: "It is no part of Dworkin's theory that the truth of the right answer can be demonstrated in a way that makes it non-

---

[32] Ebd., S. 81.

[33] Munzer, Right Answer, Preexisting Rights, and Fairness (wie Anm. 30), S. 1061.

[34] John Mackie, The Third Theory of Law, in: Ronald Dworkin and Contemporary Jurisprudence (hrsg. von Marshall Cohen), Totowa (New Jersey): Rowman & Allanheld 1984, S. 165.

[35] John Griffiths, Book Review - Legal Reasoning from the external and the internal Perspectives in: New York University Law Review, Vol. 53 (1978), S. 1123-1149; S. 1130.

controversial, or that the process of discovery 'will always yield the same decision in the hands of different judges'"[36].
Dworkin selbst schreibt: "Ganz im Gegenteil betonen die Essays, daß es schwierige Fälle ... gibt, in denen vernünftige Juristen verschiedener Meinung über Rechte sein werden und keiner ein Argument zur Verfügung haben wird, das den anderen unbedingt überzeugen muß"[37]. "Some critics have thought I meant that in these cases one answer could be *proved* right to the satisfaction of everyone, even though I insisted from the start that this is not what I meant ..."[38].
In einem "hard case" läßt sich das existierende Rechtsmaterial durch unterschiedliche Moraltheorien interpretieren. Deshalb kann schließlich die Antwort auf die Frage, was das Recht für diesen "hard case" sei, unter mehreren Richtern kontrovers sein. Trotzdem braucht der Richter in dieser Situation nicht - was nach Dworkin ohnehin unmöglich ist - zu beweisen, daß seine Moraltheorie einer normativen Entität in der transzendenten metaphysischen Welt entspricht, um seine Interpretation als die einzig richtige zu bezeichnen. Dworkin sagt deutlich: "I shall offer arguments about what makes one interpretation of a social practice better than another, and about what account of law provides the most satisfactory interpretation of that ... practice. These arguments will not - because they cannot - be demonstrations"[39].
Dworkin lehnt einerseits die traditionelle Wahrheitsanschauung ab, andererseits ist er aber nicht bereit, auf den Anspruch auf die alleinige Richtigkeit einer bestimmten Interpretation zu verzichten. Dies impliziert, daß die ethische Wahrheit nicht von einer Übereinstimmung abhängt, die durch den Hinweis auf die objektiven Tatsachen in einer transzendenten Welt erzwungen wurde. Aber wie kann das möglich sein?
Dworkins Right-answer-These kann nur verstanden werden, wenn man seine Wahrheitsanschauung zur Kenntnis nimmt, sonst bleibt sie unverständlich. In diesem Abschnitt habe ich nur seine Ablehnung der herkömmlichen Wahr-

---

[36] Ebd., S. 1135 f.
[37] Bre, S. 18. - Vgl. auch S. 210.
[38] LE, S. ix.
[39] Ebd., S. 86. - Es ist erwähnenswert, daß Dworkin nach dieser bündigen Darstellung seiner Wahrheitsanschauung als Skeptiker kritisiert werden kann, denn er verkündet seinen Verzicht auf den Beweis. "Someone might say that my position is the deepest possible form of skepticism ... because I am actually saying that moral ... or interpretive judgements cannot possibly describe an independent objective reality" (MP, S. 174). Die alte Wahrheitsanschauung ist offensichtlich sehr tief in der Denkweise vieler Menschen verwurzelt.

heitsanschauung erörtert, denn ich will zuerst die Frage, was die Right-answer-These *nicht* ist, beantworten. Erst wenn ich später (4.3) die Frage, was sie ist, beantworte, werde ich die von ihm befürwortete Wahrheitsanschauung erläutern.

4.2.5 Was die "richtige Antwort" *nicht* ist

Wie wir in den letzten Unterabschnitten gesehen haben, hat Dworkin angesichts der Mißverständnisse und Vorwürfe des externen Skeptizismus gegen seine Right-answer-These an zahlreichen Stellen nachdrücklich verneint, daß er eine traditionelle Wahrheitsanschauung der Korrespondenz vertritt. Angesichts dieser Ausführungen läßt die Bedeutung der Right-answer-These sich zuerst durch einen *Weg der Negation* klären[40]. Es ist dagegen keine leichte Aufgabe, die positive Bedeutung dieser These darzustellen. Es gibt in *Bürgerrechte ernstgenommen* keine ausdrückliche Erläuterung der positiven Bedeutung der Right-answer-These. Erst in Dworkins späteren Werken wird wiederholt darauf hingewiesen, daß sich eine Interpretation dann als die einzig richtige behaupten läßt, wenn sie einerseits am besten mit der Tradition übereinstimmt und andererseits von den besten moralischen Werten ausgeht. Jedoch bringt diese Behauptung nur noch mehr Verwirrungen mit sich, und, wie im vierten und fünften Teil des vorliegenden Kapitels gezeigt wird, kann man mit Recht daran zweifeln, daß die o.g. zwei Kriterien schließlich *nur eine einzige* Interpretation zulassen.

Hier will ich zunächst nur die erste Frage beantworten, nämlich was die "right answer" *nicht* ist.

Die einzig richtige Antwort in einem Rechtsfall wird nicht durch die Entdeckung der Existenz eines Wahrheitskriteriums zustande gebracht, das außerhalb der Rechtspraxis liegt. Die Richtigkeit eines Urteils ist nicht auf die Korrespondenz mit einer "noumenalen Idee" wie z.B. der Welt der "Ideen" von Platon angewiesen. Die "einzig richtige Antwort" im Rechtsfall braucht auch nicht von allen akzeptiert zu werden. Und kann die "einzig richtige Antwort" eines Interpreten auch nicht von allen anderen als ihre richtige Antwort anerkannt werden, so versteht der Interpret selbst seine Antwort jedoch keineswegs als bloßen Bericht

---

[40] Vgl. Bittner, RaiP, S. 72.

über seinen eigenen Geschmack, sein Gefühl oder sein Interesse, sondern als Äußerung einer allgemeingültigen Wahrheit, die auch die anderen als die einzig richtige Antwort akzeptieren *sollten*.
Dworkin vertritt keine Korrespondenztheorie der Wahrheit. Um seine Theorie zu verstehen, muß man sich zuerst die herkömmliche Vorstellung von der normativen Wahrheit als Korrespondenz abgewöhnen.
Weil die Bedeutung von Dworkins "right answer", wie dargestellt, irritierend und mißverständlich ist, habe ich einen *Weg der Negation* eingeschlagen. Auf diesem Weg verschafft man sich die Chance, Dworkins Theorie nicht von vornherein völlig falsch zu verstehen.
Dem positiven Verständnis der Right-answer-These dient die nun folgende Untersuchung der von Rawls übernommenen Methode.

4.3 Die konstruktive Interpretation

4.3.1 Ablehnung der sogenannten "subjektiven Auslegung"

Diejenigen, die eine interpretative Haltung gegenüber der Institution des Rechts einnehmen, "try to impose *meaning* on the institution - to see it in its best light - and then to restructure it in the light of that meaning"[41].
Es ist eine populäre Meinung, daß die Interpretation eines Textes auf "retrieving the actual, historical intentions of its authors" abzielen soll[42]. Aber Dworkin lehnt gerade diese Einstellung ab. Nach ihm geht es bei der Erklärung von Naturphänomenen um die Entdeckung ihrer *Ursachen*. "... [But] the interpretation of social practices ... is *essentially* concerned with purposes rather than mere causes"[43]. "I mean that an interpretation is by nature the report of a purpose ..."[44].
Obwohl Dworkins interpretative Konzeption sich nicht in irgendeine Kategorie der Auslegung in der deutschen juristischen Methodenlehre einordnen läßt, ist

41 LE, S. 47.
42 Ebd., S. 54.
43 Ebd., S. 51.
44 Ebd., S. 58.

es zumindest am Ziel seiner Rechtskonzeption selbst, die das bestehende Recht "konstruktiv" interpretieren will, leicht erkennbar, daß er auf keinen Fall der Befürworter der subjektiven Auslegung ist. Wenn wir in dem Unternehmen der Rechtsauslegung den Sinn einer Rechtspraxis ermitteln wollen, dann sollen nach Dworkin statt der Absichten des Gesetzgebers unserer eigenen Absichten im Vordergrund stehen. "... the purposes in play are not (fundamentally) those of some author but of the interpreter"[45]. Deswegen ist ein interpretatives Unternehmen "very far from a neutral, historical exercise in reconstructing a past mental state"[46]. "... the interpreter's judgement of what an author would have accepted will be guided by his sense of what the author should have accepted"[47]. Der Konventionalismus meint: "... the text exercises some *constraint* on the result"[48]. Dworkin behauptet hingegen: "But on my account the text itself is the product of interpretive judgements"[49]. In diesem Fall ist es nach Dworkin möglich und erlaubt, daß der Richter das vorhandene Rechtsmaterial mit seiner Moraltheorie interpretiert.

4.3.2 Institutionell gesetzte Schranken und der Spielraum des Interpreten

Dabei darf nicht vergessen werden, daß Dworkins Rechtstheorie eigentlich der "Rechtfertigung der institutionellen Geschichte" dienen will, und dabei ständig Rücksicht auf Präzedenzfälle nehmen soll[50]. Deswegen fügt er sofort eine Erklärung hinzu: "... constructive interpretation is a matter of imposing purpose on an object or practice in order to make of it the best possible example of the form or genre to which it is taken to belong. It does not follow ... that an interpreter can make of a practice ... anything he would have wanted it to be. ... For the history or shape of a practice or object constrains the available interpretations of it, though the character of that constraint need careful accounting, as we shall see"[51].

---

[45] Ebd., S. 52.
[46] Ebd., S. 56.
[47] Ebd., S. 57.
[48] MP, S. 168.
[49] Ebd., S. 168.
[50] Bre, S. 206.
[51] LE, S. 52.

Wenn alle Richter die Tradition respektieren sollen, dann ist es unmöglich, daß die Absicht eines Richters, die im krassen Widerspruch zur institutionellen Geschichte steht, durchgesetzt werden kann. "[The demand of] fit will provide a rough threshold requirement that an interpretation of some part of the law must meet if it is to be eligible at all"[52]. Dies bedeutet, daß die "raw data" auch dem Interpreten eine Einschränkung auferlegen können, und die Wertanschauung des Interpreten von der Wertorientierung der Präzedenzfälle keinesfalls stark abweichen darf.

4.3.3 "Considered judgements" und Theorie im Überlegungsgleichgewicht

Das Spannungsverhältnis zwischen der von der Institution schon praktizierten Moralität und der Moralanschauung des Interpreten wird im folgenden mit Bezug auf Dworkins Rawls-Rezeption erklärt.

Dworkin vergleicht seine konstruktive Interpretation mit Rawls' Methode des "reflective equlibrium". Obwohl die vorliegende Arbeit sich nicht mit den komplizierten Problemen in Rawls' Philosophie befassen kann und will, dürfen *vor* der Erörterung von Dworkins konstruktiver Interpretation ein paar Worte über Rawls' Methode nicht fehlen.

Rawls' ethische Methode beabsichtigt, "ein 'Überlegungs-Gleichgewicht' ... zwischen unseren gewöhnlichen, ... moralischen Meinungen und einer bestimmten Struktur zu suchen, die diese gewöhnlichen Meinungen rechtfertigen könnte"[53]. Jeder Mensch geht von seinen Überzeugungen aus, die bei Rawls eigentlich "wohldurchdachte Urteile" (considered judgments) heißen. Diejenigen Überzeugungen, die z.B. aus Leichtfertigkeit oder Eigennutz resultieren, qualifizieren sich nicht als wohlduchdachte Urteile. "For example, we can discard those judgments made with hesitation, or in which we have little confidence. Similarly, those given when we are upset or frightened, or when we stand to gain one way or the other can be left aside. All these judgments are likely to be erroneous or to be influenced by an excessive attention to our own interests. Considered judg-

---

52 Ebd., S. 255.
53 Bre, S. 259.

ments are simply those rendered under conditions favorable to the exercise of the sense of justice ..."[54]

Anschließend baut man aufgrund der wohldurchdachten Urteile Schritt für Schritt die moralischen Prinzipien und die ganze Theorie auf, deren Behauptungen nach Rawls mit unseren anfänglichen wohldurchdachten Urteilen im Einklang stehen sollen. Alle Schritte im Prozeß der Theoriebildung sind nur "provisional fixed points", die eventuell aufzugeben sind[55]. Wenn z.B. ein Widerspruch in meiner Theoriebildung auftaucht, und mein Vertrauen in meine wohldurchdachten Urteilen stärker ist als mein Vertrauen in meine Theorie, dann modifiziere bzw. revidiere ich meine Theorie. Im umgekehrten Fall modifiziere ich meine Überzeugungen. Ich soll bei der Theoriebildung zwischen der Überzeugung und jedem Element der konstruierten Theorie reflektierend hin und her schauen, bis ein Gleichgewicht zwischen ihnen hergestellt ist. "We can note whether applying these principles would lead us to make the same judgments about the basic structure of society which we now make intuitively and in which we have the greatest confidence; or whether, in cases where our present judgments are in doubt and given with hesitation, these principles offer a resolution which we can affirm on reflection"[56].

Die Lehre vom "Urzustand" ist der erste Schritt in Rawls' Theoriebildung und er nimmt diese Lehre als Beispiel, um das Verfahren zur Herstellung des Gleichgewichts zwischen den wohldurchdachten Urteilen und der Theorie zu erläutern. "... presumably there will be discrepancies. In this case we have a choice. We can either modify the account of the initial situation or we can revise our existing judgments, for even the judgments we take provisionally as fixed points are liable to revision. By going back and forth, sometimes altering the conditions of the contractual circumstances, at others withdrawing our judgments and conforming them to principle, I assume that eventually we shall find a description of the initial situation that both expresses reasonable conditions and yields principles which match our considered judgments duly pruned and adjusted. This state of affairs I refer to as reflective equilibrium"[57].

---

54 John Rawls, A Theory of Justice, Cambridge (Massachusetts): Harvard University Press 1971, S. 47.

55 Ebd., S. 19

56 Ebd., S. 19. - Dazu vgl. auch Juan-Kang Schi, Rawls (Chinesischer Buchtitel), Taipei: Dung-Da Verlag 1989, S. 86 f.

57 Rawls, A Theory of Justice (wie Anm. 54), S. 20.

Nach Rawls unterstützen sich schließlich alle Elemente in einem System der Theorie gegenseitig. Das Verfahren zur Wahrheitsfindung beruht nicht auf einer geradlinigen Deduktion aus den ursprünglichen wohldurchdachten Urteilen, sondern auf einem Hin- und Herwandern des Blicks zwischen allen Schritten im Prozeß der Theoriebildung bzw. auf Reflexion. "A conception of justice cannot be deduced from self-evident premises or conditions on principles; instead, its justification is a matter of the mutual support of many considerations, of everything fitting together into one coherent view"[58]. Dworkin erläutert Rawls' Methode mit folgenden Worten: "Wie ich zuvor gesagt habe, ist Rawls' Vorstellung des Gleichgewichts ein Prozeß, der in zwei Richtungen verläuft; wir gehen vor und zurück zwischen Anpassungen an die Theorie und Anpassungen an die Überzeugung, bis das bestmögliche Zusammenpassen erreicht ist"[59].

4.3.4 Ein komplizierteres Überlegungsgleichgewicht

Dworkin zieht eine Parallele zwischen seiner "konstruktiven Interpretation" und Rawls' "reflective equilibrium". Dabei stellt Dworkin eine m.E. kühne Analogie auf: "Die einzelnen Präzedenzfälle sind Intuitionen analog; der Richter versucht, eine Anpassung zwischen diesen Präzedenzfällen und einer Menge von Prinzipien zu erreichen, die sie rechtfertigen könnten und die ebenfalls weitere Entscheidungen rechtfertigen könnten, die über sie hinausgehen"[60].

Bei Dworkin werden die Präzedenzfälle mit Überzeugungen verglichen. In den Präzedenzfällen sind die moralischen Überzeugungen der damaligen Richter bzw. die von der Rechtstradition praktizierte Moralität verankert. Dies bedeutet, daß der Interpret bzw. der Richter eine politisch-moralische Theorie konstruiert, deren Prinzipien mit den Präzedenzfällen, d.h. mit der von der Rechtstradition praktizierten Moralität übereinstimmen sollen.

Dworkins Analogie bringt ein wesentliches Problem mit sich. Bei Rawls ist die Überzeugung einfach die Überzeugung *eines* Menschen X. Z.B. ist X davon überzeugt, daß die Sklaverei ungerecht oder eine höhere Besteuerung der Besserverdienenden gerecht sei. Dann versucht X eine Moraltheorie zu bilden, mit deren Prinzipien er seine eigenen wohldurchdachten Urteile rechtfertigen kann.

---

[58] Ebd., S. 21.

[59] Bre, S. 273.

[60] Ebd., S. 268.

Im Gegensatz zu den Überzeugungen eines Individuums X in der Moraltheorie setzen sich die Präzedenzfälle in der institutionellen Geschichte, die Dworkin mit den "wohldurchdachten Urteilen" vergleicht, aus vielen, von unterschiedlichen Richtern in der Vergangenheit getroffenen Entscheidungen zusammen, die der Interpret nun mit seiner Theorie konsistent erklären soll. Das bedeutet, daß die "wohldurchdachten Urteile" nach Rawls ausschließlich die Gedanken von X selbst sind, während die Präzedenzfälle nicht von einer einzelnen Person und nicht vom Interpreten selbst hervorgebracht worden sind. Dennoch vergleicht Dworkin die "wohldurchdachten Urteile" mit den Präzedenzfällen[61].
In der Moraltheorie von Rawls wird ein Gleichgewicht zwischen der Theorie und den Überzeugungen desselben Menschen gesucht. Dies ist ein "Zwei-Pole-Verhältnis". Man kann jederzeit *frei* seine eigenen Überzeugungen revidieren.
Im Unterschied zum rein philosophischen Denken handelt es sich beim interpretativen Unternehmen des Rechts in Dworkins Theorie nicht um das Gleichgewicht lediglich zwischen der Moraltheorie des gegenwärtigen Interpreten und seinen eigenen Überzeugungen, sondern zwischen den Überzeugungen des Interpreten, seiner zu konstruierenden Theorie und der in den Präzedenzfällen ausgedrückten Moralüberzeugung der damaligen Richter. Hier besteht ein komplizierter gewordenes trianguläres Verhältnis.
Aber man kann die damaligen Richter, die längst verstorben sind, nicht auffordern, ihre Überzeugungen und Moraltheorien zu ändern. Die von den Präzedenzfällen verkörperten Moralüberzeugungen und Moraltheorien der damaligen Richter sind schon Geschichte geworden, und sie stehen fest. Der Interpret soll nach Dworkin diese Geschichte nicht verwerfen, sondern nur rechtfertigen. Sie bedeutet somit eine Einschränkung für den heutigen Richter. Der Interpret darf zwar bei der Interpretation des vorhandenen Rechtsmaterials von der von ihm verfochtenen Moral ausgehen, jedoch muß er schließlich seine Moral aufgeben, wenn sie mit der von den Präzedenzfällen verkörperten Moralanschauung nicht im Einklang steht. Hier kann man in Dworkins Modifizierung von Rawls' Methode schon eine systembewahrende Tendenz erkennen. Dieses Pro-

---

61 Hier will ich noch nicht auf die Frage eingehen, ob die Institution des Rechts, in der unterschiedliche Richter tätig waren, die Menschen im Laufe der Geschichte tatsächlich immer mit *einer einzigen* Wertorientierung behandelt hat und der heutige Interpret demzufolge alle Präzedenzfälle mit *einer* Moraltheorie erklären kann, denn diese Frage ist das Thema des nächsten Kapitels.

blem ist von entscheidender Bedeutung für die Untersuchung von Dworkins Rechtstheorie.

Der Spielraum für die Aktivität des Interpreten in "hard cases" liegt lediglich darin, daß sich die vergangenen Präzedenzfälle durch verschiedene mit großer Abstraktheit und Allgemeinheit formulierte Prinzipien erklären lassen. Deshalb darf jeder Richter von seiner eigenen Moral ausgehend die Prinzipien konstruieren, solange diese Prinzipien die ganze Rechtstradition rechtfertigen können. Dworkins konstruktive Interpretation ist also m.E. nichts anderes als die Ausnutzung der bleibenden Unbestimmtheit der vom vorhandenen Rechtsmaterial ausgedrückten Haltung dem *spezifischen* "hard case" gegenüber. So weiß man z.B. im "hard case" 'Quoten' durch die Untersuchung aller Präzedenzfälle *allein* immer noch nicht genau, auf welche Weise der Richter kraft des existierenden Rechts den aktuellen Rechtsfall entscheiden soll. Solange die Moraltheorie eines Richters die bisherige Rechtspraxis erklären kann, kann er meinen, daß alle vergangenen Urteile von dieser Moraltheorie geleitet worden seien, und der vorhandene "hard case" nun auch mit ihrer Hilfe entschieden werden solle. Auf diese Weise erhält der heutige Richter das von ihm gewünschte Urteil.

Der Vollzug der Rechtsprechung nach dieser Rechtskonzeption enthält ein ständiges Spannungsverhältnis. Er ist einerseits systembewahrend, aber andererseits gibt es bis zu einem gewissen Grad Spielraum für den Richter. Deshalb kann gefragt werden, ob die Rechtsprechung nach Dworkins Rechtstheorie nicht richterliche Willkür zuläßt, wenn mehr als eine Moraltheorie die Rechtstradition rechtfertigen kann.

4.3.5 Die von der Institution des Rechts gesetzte Schwelle

Wegen der geforderten Rücksicht auf die von den Präzedenzfällen verkörperte Moralität hält Dworkin die Sorge darum, daß Willkür und Uneinigkeit unter den Interpreten die Rechtssicherheit verletzen würden, für unnötig. Denn der Richter ist nach Dworkins Theorie, wenn auch in einem anderen Sinn als dem des Konventionalismus, an die Präzedenzfälle gebunden, die hier eine Schwelle ("threshold") errichten[62]: "Each judge's interpretive theories are grounded in his own convictions ..., and these convictions will inevitably be different ... from

---

[62] LE, S. 255.

those of other judges"[63]. Aber "[a] variety of forces tempers these differences and conspires toward convergence. ... The practice of precedent, which no judge's interpretation can wholly ignore, presses toward agreement ..."[64]. "Law as integrity, then, requires a judge to test his interpretation of any part of the great network of political structures and decisions of his community by asking whether it could form part of a coherent theory justifying the network as a whole"[65].

Durch die gebotene Berücksichtigung der von der Rechtsinstitution selbst praktizierten Moralität soll eine *minimale Sicherheit* gewährleistet werden. "A judge's background and moral convictions will influence his decisions about what legal rights people have under the law. But the brute facts of legal history will nevertheless limit the role these convictions can play in those decisions"[66].

Dworkin ist der Meinung, daß "... very different, even contradictory, convictions might all pass the test. But some could not"[67]. Er führt Marxismus und Anarchismus als Beispiele an. Der Richter, der sich zum Marxismus oder zum Anarchismus bekennt, "cannot impose these convictions on the community under the title of law, however noble or enlightened he believes them to be, because they cannot provide the coherent general interpretation he needs"[68].

Dworkin sagt auch: "It is a ... question how far interpretive convictions ... are - or must be - shared within a community of people who talk and argue about interpretation among themselves. Some overlap is certainly necessary in order for one person even to understand another's judgement as interpretive; but it would be a mistake to think that the overlap must be even so complete as it is in ordinary science"[69]. Obwohl also verschiedene Interpreten letzten Endes unter-

---

63 Ebd., S. 87 f.

64 Ebd., S. 88.

65 LE, S. 245.

66 Ronald Dworkin, "Natural" Law Revisited, in: University of Florida Law Review, Vol. 34 (1982), S. 165-188; S. 169. - Dworkin bekräftigt nochmals die durch die institutionelle Geschichte aufgebaute "Schwelle": "That threshold will eliminate interpretations that some judges would otherwise prefer, so the brute facts of legal history will in this way limit the role any judge's personal convictions of justice can play in his decisions. Different judges will set this threshold differently. But anyone who accepts law as integrity must accept that the actual political history of his community will sometimes check his other political convictions in his overall interpretive judgment" (LE, S. 255).

67 MP, S. 2.

68 Ebd., S. 2.

69 Ebd., S. 170 f.

schiedlicher Meinung über die Bestimmungen des Rechts für einen "hard case" sein können, werden ihre Meinungen nach Dworkin wegen der vom existierenden Rechtsmaterial gesetzten Schranken in wesentlichen Punkten miteinander übereinstimmen.

4.3.6 Die Amtstätigkeit des interpretierenden Richters: kein Philosophieren im freien Feld

Es ist möglich, daß ein amerikanischer Richter als private Person davon überzeugt ist, daß der Kommunismus richtig ist und das Zusammenleben der Menschen nach dem Ideal des Kommunismus geregelt werden sollte. Aber die Staatsform der Vereinigten Staaten ist nicht kommunistisch interpretierbar, und eine Auslegung des bisherigen Rechtsmaterials nach den Wertvorstellungen der kommunistischen Weltanschauung ist unzulässig.
Wie oben erörtert, erstrebt ein Philosoph nach Rawls ein Gleichgewicht zwischen seiner Theorie und seinen vortheoretischen Überzeugungen, wobei es sich um ein Zwei-Pole-Verhältnis handelt. Bei Dworkin kommt jedoch die von den früheren Richtern in ihren Urteilen praktizierte Moralität als institutionelle Schranke hinzu. Deshalb gibt es mehr Einschränkungen für Richter als für Philosophen. Es kann in den Vereinigten Staaten Philosophen geben, deren Intuitionen kommunistisch sind und denen es auch gelingt, eine kommunistische Theorie zur Rechtfertigung ihrer Intuitionen zu konstruieren. Aber es kann nach Dworkin in den Vereinigten Staaten keinen Richter geben, der seine kommunistische Überzeugung im Amt praktiziert. Ein solcher Mensch kann nicht am Unternehmen der *Interpretation* teilnehmen, d.h. sich als Richter der Vereinigten Staaten betätigen, denn die Präzedenzfälle sind nicht kommunistisch deutbar.

4.4 Die einzige richtige Antwort im institutionellen Rahmen

Bis hierher haben wir Dworkins Erklärungen lediglich entnehmen können, daß die von der Institution als solcher gesetzte "Schwelle" übermäßig große Überraschungen in richterlichen Urteilen auszuschließen vermag. Deshalb braucht

sich in den Vereinigten Staaten z.B. ein Unternehmer nach Dworkin nicht darum zu sorgen, daß ein amerikanischer Richter vielleicht als überzeugter Kommunist sein Urteil nach der marxistischen Lehre fällt und er selbst plötzlich sein gesamtes Vermögen verliert. Das Urteil darf die institutionelle Schwelle nicht überschreiten, wodurch die Sicherheit der Bürger bis zu einem gewissen Grad gewährleistet ist.
Dennoch begnügt sich Dworkin in Wahrheit keineswegs mit dieser minimalen Sicherheit. Offenbar intendiert er eine noch höhere Schwelle, die in jedem Rechtsfall *nur eine einzige* Interpretation überspringen kann. Die dahinterstehende Absicht - den lückenlosen Schutz der Bürgerrechte - habe ich bereits erläutert. Aber hat er uns ein theoretisch überzeugendes Argument für seine moralisch attraktive Right-answer-These angeboten?

4.4.1 "Narrative Consistency" als Kriterium

Nach Dworkin ergibt sich die einzig richtige Antwort aus der "narrative consistency" oder dem "structural constraint"[70]: Wenn der Richter argumentieren kann, daß seine Theorie die bisherigen Entscheidungen im Vergleich zu den anderen Theorien am besten erklären kann. Bix schreibt: "An optimal characterization will be one that justifies the most cases in the clearest terms while minimizing the number of cases that would have to be treated as mistakes"[71].
Dworkin greift das von ihm sehr geschätzte Gleichnis einer "Chain Novel" häufig auf, um die Behauptung der "einen einzigen richtigen Antwort" durch die Idee der "narrative consistency" zu veranschaulichen.
Angenommen, viele Schriftsteller hätten sich miteinander abgesprochen, zusammen einen *Kettenroman* zu schreiben. Jedem wurde ein Kapitel zugeteilt, und Anja sollte das Endkapitel schreiben. Nachdem Anja sorgfältig die vorangegangenen Kapitel gelesen und sich jede Einzelheit sorgfältig gemerkt hatte, meinte sie *nach ihrem eigenen Verständnis*, daß der Hauptakteur in diesem Roman am Ende Selbstmord begehen solle. Anja geht davon aus, daß *nur* dieses Ergebnis *alle* oder zumindest die meisten Einzelheiten in den vorangegangenen Kapi-

---

70 Ebd., S. 139 und LE, S. 257. - Vgl. die Anm. 37 des ersten Kapitels.
71 Brian S. Bix, Book Note - Dancing in the Dark: The Philosophical Moves of Ronald Dworkin in: Harvard Journal on Legislation, Vol. 23 (1986), S. 307-323; S. 318.

teln erklären kann. Das bedeutet, daß dieses Ergebnis am besten geeignet ist, das Ganze als Einheit erscheinen zu lassen.
Wenn ein Kritiker das Handlungsgerüst des von Anja geschriebenen Endkapitels anfechten will, dann muß er argumentieren, daß der Selbstmord des Hauptakteurs mit Blick auf ihren Charakter und alle anderen Elemente in den vorangegangenen Kapiteln eine absurde und ungereimte, bzw. *inkonsistente* Entwicklung des Handlungsgerüsts darstelle, während ein anderes Ergebnis besser zu den vorangegangenen Kapiteln passe. Dworkin erklärt: "In many exercises, including the experimental sciences, participants are trained to respond to their observations of the external world in a way which, we suppose, increases our collective knowledge of the world. In the literary exercise, participants are trained to respond to certain questions of a highly specific form which ... cannot be said to be questions about the external world. They are trained to subject their responses to the disciplines of reflection and consistency ..."[72]. Der Kritiker darf nicht sagen, daß Anja etwas Falsches geschrieben habe, weil der Selbstmord als solcher nach seiner Wertvorstellung eine verwerfliche Tat eines Feiglings oder ein scherer Verstoß gegen Gottes Gebot ist.

4.4.2 Immer durch die "narrative consistency" entschieden?

Es ist zweifelhaft, ob sich die gesamte Geschichte der Justiz, wie Hart sagt, durch ein einziges "enorm abstraktes und generelles" Prinzip rechtfertigen läßt. Die Situation, in der zwei oder mehrere Prinzipien in der Lage sind, die vergangene Praxis zu erklären, wird von Dworkin als "tie" bezeichnet.
Dworkin nimmt die Möglichkeit eines "tie" zwar zu Kenntnis, sie erscheint ihm jedoch unrealistisch. Es ist seiner Ansicht nach unwahrscheinlich, daß zwei Moraltheorien genau dieselbe Anzahl der Präzedenzfälle in einem hochentwickelten Rechtssystem rechtfertigen. Er meint zuversichtlich: "The dimension of fit supposes that one political theory is *pro tanto* a better justification than another if, roughly speaking, someone who held that theory would, in its service, enact more of what is settled than would someone who held the other. Two different theories may well provide equally good justifications ... in immature legal systems with few settled rules, or in legal systems treating only a

[72] Ronald Dworkin, No Right Answer?, in: Law, Morality, and Society, Edited by P. M. S. Hacker und Joseph Raz, Oxford: Clarendon Press 1977, S. 58-84; S. 80.

limited range of the conduct of their constituents. But in a modern, developed, and complex system, the antecedent likelihood of that kind of tie is very small. The tie result is possible in any system, but it will be so rare as to be exotic in these"[73]. Dworkin fügt hinzu: "I believe that such cases [of tie], if they exist at all, must be extremely rare in the United States and Great Britain"[74]. Deshalb sei es unnötig, daran zu zweifeln, "that in a complex and comprehensive legal system it is antecedently unlikely that two theories will differ sufficiently to demand different answers in some case and yet provide equally good fit with the relevant legal materials"[75].

Die "beste" Theorie ist schließlich nur eine Sache der *besten rechtfertigenden Entsprechung* mit der Tradition. Dieses Verständnis der "besten" Theorie erscheint Umana sehr verwunderlich: "Dworkin's notion of the soundest theory of law runs into some conceptual difficulty in this situation since the soundest theory, to reiterate, is simply that which best reflects the great body of *existing* precedents. Likewise, Dworkin's conception of the community morality, as explained above, mirrors 'the laws and institutions of the community, or in other words, the legal status quo"[76].

Die Frage, ob eine Moraltheorie tatsächlich die beste oder sozusagen überhaupt wählbar ist, wird nicht durch den Inhalt dieser Moraltheorie beantwortet, sondern dadurch, daß diese Moraltheorie mit der vom amerikanischen Recht praktizierten Moral am besten übereinstimmt. Ist der von der amerikanischen Justiz am deutlichsten praktizierte Wert mit Sicherheit die ethische Wahrheit? Dworkins im stolzen Vertrauen in den gerechten Charakter seines Vaterlandes gründende konservative Mentalität zeichnet sich hier schon vorbehaltlos ab.

Was Dworkin hierzu schreibt, ist mißverständlich: "A community's political order is provided by the principles assumed in the best interpretation ... of its concrete political structures, practices and decisions"[77]. Manche Leser könnten denken, daß die Präzedenzfälle nach Dworkin durch die Moraltheorie, die der Interpret selbst für inhaltlich die beste hält, interpretiert würden. Dieses Verständnis ist zwar nicht ganz falsch, doch unvollkommen. Der Richter darf und

---

73 MP, S. 143.

74 Ebd., S. 144.

75 Ebd., S. 145.

76 John Umana, Dworkin's "Rights Thesis", in: Michigan Law Review, Vol. 74 (1976), S. 1167-1199; S. 1188 f.

77 Dworkin, "Natural" Law Revisited (wie Anm. 66), S. 183.

soll zwar zuerst von der von ihm für die beste gehaltenen Moraltheorie ausgehen. Aber wenn die vom Richter selbst für die beste gehaltene Moraltheorie im Vergleich zu den übrigen Moraltheorien die Präzedenzfälle weniger gut rechtfertigen kann, so ist er gezwungen, entweder seine Moraltheorie zu revidieren oder, falls er seine Wertvorstellungen auf keinen Fall aufgeben will, sein Amt niederzulegen[78]. Die Moraltheorie des Richters "must always be the best moral sense that can be made of the legal materials, for his [Dworkin's] theory is a theory of [American] *law*, not of how things in the ideal world morally should be"[79].

Dworkins anfängliche Betonung der aktiven Rolle des Richters scheint übertrieben zu sein. In Wahrheit ist der Richter in hohem Maße von der Institution eingeschränkt und muß im Hinblick auf das vorhandene Rechtssystem konservativ sein. Mit dem folgenden Satz beendet Dworkin sein Werk *Law's Empire*: "Law's attitude is constructive: it aims, in the interpretive spirit, to lay principle over practice to show the best route to a better future, keeping the right faith with the past"[80]. Es stellt sich die Frage, ob sich die Orientierung an der Zukunft und der Vergangenheit wirklich in einer solchen harmonischen Weise vereinbaren lassen.

4.4.3 Das richterliche Urteil: Folge einer konsistenten Tradition?

Dworkin scheint die Brauchbarkeit seiner Fit-These als "structural constraint" zu überschätzen. Die Kritiker sind durchaus berechtigt, zu betonen, daß in einem "hard case" ein "tie" nicht unmöglich ist.

Weil Dworkin selbst das Gleichnis des Kettenromans als Erklärungsmittel seiner interpretativen Rechtskonzeption hoch einschätzt, nehme ich den Roman der amerikanischen Schriftstellerin Edith Wharton "The Age of Innocence" als Ver-

---

[78] Dworkin sagt auch: "A ... judge would be forced to reject a politically attractive interpretation, ... simply because he did not believe it fit the record well enough" (ebd., S. 170).

[79] Stephen Guest, Ronald Dworkin, Edinburgh: Edinburgh University Press 1992, S. 37. - Guest betont nochmals die Institutionsbezogenheit von Dworkins Rechtslehre: "Dworkin does not equate legal argument with argument. Rather, he begins with the legal data ... and then attempts to make the best moral sense of that. So interpreters of the law are bound ... by the need to refer to the actual legal materials" (S. 131).

[80] LE, S. 413.

gleichsbeispiel. Der Roman erzählt die Geschichte zweier reicher Familien aus dem New York der 70er Jahre des letzten Jahrhunderts:

Der junge Rechtsanwalt Newland war ein aufrichtiger Gentleman in New York und hatte sich mit der gutmütigen May verlobt. Mays Kusine Ellen war schon früher nach dem Willen der Eltern an einen französischen Grafen verheiratet worden und lebte seitdem in Frankreich. Weil Ellen die Untreue ihres Mannes nicht ertragen konnte, war sie allein nach New York zurückgeflohen. Ihre Tat war nach der damaligen Sitte ein Eklat, und so wurde Ellen von ihrer Familie in New York verstoßen. Nur Newland half Ellen, die er schon seit seiner Kindheit kannte und die nun in ihrer Heimatstadt ein neues, eigenständiges Leben zu beginnen versuchte. Die beiden verhielten sich zwar stets anständig, jedoch verliebten sie sich schließlich leidenschaftlich ineinander. Ellen schwor Newland, New York nie zu verlassen.
Newland, der der Heirat mit May nicht entgehen konnte, benahm sich ständig befangen vor seiner Frau; und so wurde sie mißtrauisch, jedoch fragte sie ihn nie nach der Ursache.
Bei einem Zusammentreffen der Frauen aus dem Familienkreis ließ May alle Anwesenden einschließlich Ellen wissen, daß sie annehme, sie sei schwanger. Ellen beschloß nun unverzüglich, nach Frankreich zurückzukehren. Dieser Beschluß erschien Newland, der den Grund von Ellens Entscheidung zunächst nicht kannte, völlig unverständlich. So wollte er Ellen folgen. Aber nachdem er kurz darauf von der Schwangerschaft erfahren hatte, blieb er schließlich doch bei seiner Frau.
30 Jahre vergingen, und May war nach einer glücklichen Ehe gestorben.
Der älteste Sohn von Newland und May, Thed, mußte nach Paris reisen, und er drängte seinen Vater, ihn zu begleiten. Erst in Paris verriet Thed seinem Vater, daß ihm seine Mutter einen Tag vor ihrem Tode von der Liebesgeschichte zwischen ihrem Mann und ihrer Kusine erzählt hatte. Vor ihrem Mann hatte sie ihr Wissen niemals erwähnt. May hatte sich sogar gewünscht, daß Ellen und Newland sich nach ihrem Tod wiedersehen könnten.
Newland wurde von dieser Nachricht überwältigt.
So stand der alte Gentleman Newland bald vor einem Etagenhaus in Paris, allein und unruhig. Kurze Zeit später kam sein Sohn Thed wieder aus dem Gebäude heraus und sagte dem Vater, daß er seine Tante Ellen zum ersten Mal gesehen habe und sie oben den Besuch von Newland erwarte. Der nachdenkliche und

zögernde Newland aber bat zunächst seinen Sohn, ihn allein zu lassen. So saß er einen Augenblick lang dort ....

Wenn die Schriftstellerin Edith Wharton allein auf eine völlig konsequente Weise eine 300 Seiten lange Kette schmiedet und uns nun mit der Vollendung des letzten Satzes beauftragt, wie muß dieser aussehen?
Die Antwort auf diese Frage hängt davon ab, wie wir Newlands Charakter verstehen. Manch einer würde schreiben: Der alte Gentleman Newland stand auf, warf einen liebevollen Blick auf Ellens Fenster, wandte sich schließlich um und ging langsam zu seinem Hotel zurück. Denn eine schöne Erinnerung an die Vergangenheit, die nicht mehr von der Gegenwart überschattet wird, erscheint Newland gemäß seinem Charakter als das schönste Ergebnis. Manche würden hingen schreiben, daß Newland die Treppe hinaufging, weil er gemäß seinem Charakter ein solches Wiedersehen für das schönste Ergebnis halten sollte. Keine der beiden Möglichkeiten ist widersinnig.
Wir wußten bisher nur, daß Newland elegant ist. Aber die bisherige Geschichte bietet uns überhaupt keine ausführlichen Hinweise auf Einzelheiten von Newlands Charakter, die uns bei der Wahl zwischen Wiedersehen und Weggehen leiten könnten. In diesem Fall können zwei Autoren, die vorher mit unterschiedlichen Vorstellungen von Newlands Charakter alle vorangegangenen Kapitel durchgelesen haben, problemlos unterschiedliche Endkapitel niederschreiben. Wenn Dworkin eine solche Möglichkeit nicht zugestehen will und weiter auf der These beharrt, es gebe in jedem "hard case" eine einzige richtige Antwort, dann erscheint diese Einstellung seinen Kritikern nur als stur.

4.4.4 Only your right answer?

Die Tradition richtet zwar eine Schwelle auf, jedoch ist fraglich, ob es *nur ein Ergebnis* gibt, das die Schwelle der "narrative consistency" passieren kann. Selbstverständlich dürfen wir keine Handlung ersinnen, die die bisherige Geschichte überhaupt nicht erklären kann - wie wenn man schriebe, daß Newland die Treppe hinaufging, Ellen sofort erschoß, ihr Geld raubte und floh. Dennoch können sich aus früheren Entscheidungen der Justiz unterschiedliche Theorien zur Entscheidung neuer Fälle ergeben, weil das existierende Recht viele

spezifische Fälle in Wahrheit nicht vorhergesehen hat. Wie beurteilt man im Falle eines "tie", welche Interpretation die beste ist?
Dworkins letztes Wort zu diesem Problem lautet: "[My theory] provides for a threshold of fit that must be met by any theory that is ultimately to qualify, but argues that if two theories each pass that threshold, the choice between the two will be governed by political morality"[81]. Er erläutert diesen Gedanken weiter: "Just as two readings of a poem may each find sufficient support in the text to show its unity and coherence, two principles may each find enough support in the various decisions of the past to satisfy any plausible theory of fit. In that case substantive political theory ... will play a decisive role"[82].
Nicht mehr die "narrative consistency", sondern erst eine *Entscheidung* für einen bestimmten Wert kann im Falle eines "tie" ein bestimmtes Ergebnis zustande bringen. Bittner geht auf diesen Punkt ein, wenn sie sagt: "Warum es einen besten, höchsten und in diesem Sinne wahren Wert geben soll, obwohl Wahrheit nach Dworkin eine Frage interpretativer Konsistenz ist, dieser Wert aber gerade nicht mehr interpretativ herleitbar ist, vermag Dworkin nicht zu begründen. Es bleibt daher bei einem politischen Credo"[83].
Jeder Interpret darf sein eigenes Credo haben, das die weitere Entwicklung der Tradition in eine bestimmte Richtung führt. Dworkin selbst weiß all dies klar und sagt auch ausdrücklich: "Each judge's interpretive theories are grounded in his own convictions ..."[84]. "His own moral and political convictions are now directly engaged. ... his decision will reflect not only his opinions about justice and fairness but his higher-order convictions .... Different judges will disagree

---

[81] Ronald Dworkin, A Reply by Ronald Dworkin, in: Ronald Dworkin and Contemporary Jurisprudence (hrsg. von Marshall Cohen), Totowa (New Jersey): Rowman & Allanheld 1984, S. 272.

[82] MP S. 161.

[83] Bittner, RaiP, S. 217. - Wenn sich die Präzedenzfälle von unterschiedlichen Theorien rechtfertigen lassen, folgt Dworkin immer nur der von Rawls befürworteten Wertvorstellung "equality as equal concern and respect" als der höchsten Richtlinie für die Interpretation. Deshalb sagt Bittner: "Der in Dworkins Theorie der Interpretation somit angelegte infinite Regreß auf eine immer abstraktere Ebene der Rechtfertigung wird von Dworkin durch eine axiomatische Setzung des Prinzips 'Gleichheit' als höchsten, einer Rechtfertigung nicht mehr fähigen Wert abgebrochen" (S. 61). Ronald Dworkin gibt zu: "I know that what I shall say about the defense of equality is at many points dogmatic and at others unmindful of very natural objections and replies" (In Defense of Equality, in: Social Philosophy and Policy, Vol. 1 [1983], S. 24-40; S. 24). Er fügt in demselben Aufsatz hinzu: "The principle [of equality] is too fundamental, I think, to admit of any defense in the usual form" (S. 31).

[84] LE, S. 87.

about each of these issues and will accordingly take different views of what the law of their community, properly understood, really is"[85]. "Any judge's opinion about the best interpretation will ... be the consequence of beliefs other judges need not share"[86].
Kein Wunder, daß die Kritiker meinen, die "right answer" sei "merely subjective" und nur in den Augen des jeweiligen Interpreten die beste[87]. Guest stellt die Meinung der Kritiker zusammenfassend so dar: "[Dworkins theory] is 'subjective' and ... any legal argument is therefore as good as any other. The lawyer for each side advances an argument based upon his own moral preferences, constrained, of course, to some degree, by the actual legal materials, in order to 'convince' the judge. The judge would then make a decision based on *his* own moral preferences"[88].

4.5 Die einzig richtige Antwort als Wertbegründungsfrage

4.5.1 Jenseits der herkömmlichen Wahrheitsanschauung

Die Frage der richtigen Interpretation ist im Falle eines "tie" nicht nur eine Frage der Konsistenz mit der Tradition, sondern auch eine Frage der Entscheidung für einen bestimmten Moralwert. Bittner sagt zutreffend: Dworkins "politische Moralphilosophie geht von einer vorgefundenen politischen Struktur aus .... Da aber die Richtung und das ferne Ziel dieser Entwicklung klar sein muß, kommt

---

[85] Ebd., S. 256.
[86] MP, S. 162.
[87] Dworkin, No Right Answer? (wie Anm. 72), S. 81. - Dworkin selbst kennt diese theoretische Schwierigkeit ganz genau. Er sagt: "The second dimension - the dimension of political morality - supposes that, if two justifications provide an equally good fit with the legal materials, one nevertheless provides a better justification than the other if it is superior as a matter of political moral theory .... [But] moral skeptics will argue that the second dimension adds nothing, because no theory is superior, as a matter of political morality, to any other" (MP, S. 143).
[88] Guest, Ronald Dworkin (wie Anm. 79), S. 138.

auch Dworkins politische Theorie nicht ohne eine utopische bzw. abstrakte, d.h. keine bestehende Ordnung interpretierende politische Moral aus"[89].
Wenn Dworkin die von Rawls vertretene Wahrheitsanschauung aufgreift, dann hängt die Antwort auf die Frage nach der Akzeptanz seiner Right-answer-These schließlich davon ab, ob wir diese Wahrheitsanschauung auch teilen.

4.5.1.1 Die Grundlagen der Wahrheit von Aussagen

Rawls' und Dworkins Wahrheitsanschauung zufolge gibt es keinen Grund, warum die Richtigkeit meiner Behauptung von der Meinung der Anderen abhängen sollte. Im Hinblick auf die wohldurchdachten Urteile z.B. sagt Dworkin: "If I believe that my intuitions are a direct report from some moral reality, I cannot accept that one particular intuition is false until I come to feel or sense that it is false. The bare fact that others disagree, if they do, may be an occasion for consulting my intuitions again, but if my convictions remain the same, the fact that others may explain them in a different way cannot be a reason for my abandoning them ..."[90]. Jeder soll seine Meinung aufgrund der sorgfältig angeeigneten Evidenz bilden. Statt einer vorherrschenden Meinung zu folgen, soll jeder nur diejenige These als Wahrheit behaupten, die ihm nach dieser Evidenz als wahr erscheint; er kann nichts anderes tun, sofern es ihm um Wahrheit geht.
Natürlich kann jeder falsche Auffassungen vertreten und soll auch bereit sein, sie zu korrigieren. Aber jeder gibt erst dann eine Behauptung auf, wenn ihm Fehler nachgewiesen worden sind. Z.B. können meine Gegner darauf hinweisen, daß mir beim Bilden der Theorie ein Versehen, ein Fehlschluß oder ein Rechenfehler unterlaufen ist. Oder meine Theorie wird später von Tatsachen widerlegt. Oder aber es zeigt sich ein Widerspruch in meiner Theorie. So sagt Dworkin: "Wir prüfen allgemeine Theorien über Gerechtigkeit an unseren eigenen Intuitionen, und wir versuchen diejenigen, die anderer Meinung sind als wir, dadurch zu verwirren, daß wir zeigen, wie ihre Intuitionen mit ihren eigenen Theorien ins Gehege kommen"[91].

---

[89] Bittner, RaiP, S. 59.
[90] Zitiert nach Joseph Raz, The Claim of Reflective Equilibrium, in: Inquiry, Vol. 25 (1982), S. 307-330; S. 327.
[91] Bre, S. 266.

Aber wenn meine sorgfältig konstruierte Theorie an sich einwandfrei ist und die Meinungsverschiedenheit schließlich *nur* daraus resultiert, daß wir von unterschiedlichen moralischen Überzeugungen ausgehen, dann ist es eine Torheit meiner Gegner, von mir zu verlangen, mich folgendem Prinzip zu unterwerfen: Sobald ich sehe, daß die Theorie der anderen anders als meine ist, muß ich meine wohldurchdachten Urteile und meine auf ihnen basierende Theorie aufgeben.

Bevor ich eines Tages z.B. wegen einer ungewöhnlichen Lebenserfahrung meine wohldurchdachten Urteile ändere oder der Fehler in meiner Theorie aufgezeigt wird, bin ich berechtigt, trotz des Fehlens allgemeiner Anerkennung meine Behauptung weiter als die einzig richtige Wahrheit zu bezeichnen. Demzufolge wird die richtige Antwort eines Richters zwar nicht bei allen Menschen Zustimmung finden, zumindest bei der Partei, die den Prozeß verliert, dennoch hat der Richter Grund, sein Urteil als "right answer" zu bezeichnen und zu vertreten.

4.5.1.2 Wahrheitsanspruch aufgrund persönlicher Überzeugungen

Die oben dargestellte Wahrheitsanschauung erscheint vielen sicherlich immer noch verwunderlich, weil sie die nicht weiter hinterfragbare persönliche Überzeugung als Ausgangspunkt der Theoriebildung zuläßt und die Richtigkeit bei ihr nicht mehr auf einen Beweis angewiesen ist, der Zustimmung erzwingen würde.

Guest sagt hierzu: "... people like arguments that demonstrate, or prove, or otherwise provide a convincing 'knockdown' effect"[92]. Bix mißversteht Dworkin wohl auch aus diesem Grunde und meint: "Because Dworkin presents no common ground or shared criteria upon which judges and lawyers can determine which political theory is better or more reasonable, there is no basis for believing ... that the law ... can offer one right answer to a particular hard case"[93]. Bei Bix liest man nochmals den üblichen Einwand gegen die Right-answer-These: "*For each judge*, there is one right answer in a hard case; but because of their differing political moralities, judges will necessarily differ about what theory offers the best justification for the prior cases, and therefore they will formulate different

---

92 Ebd., S. 138.

93 Bix, Book Note - Dancing in the Dark: The Philosophical Moves of Ronald Dworkin (wie Anm. 71), S. 319.

'right answers'"[94] ... wobei die Anführungsstriche darauf hindeutuen, daß es nach Bix eigentlich keine "right answer" gibt.

Aber Dworkin ist gerade gegen diese landläufige Neigung, und die letzte Grundlage jedes Arguments endet für ihn gerade in einer persönlichen Überzeugung. Er erläutert: "I believe, for example, that slavery is unjust in the circumstances of the modern world. I think I have arguments for this view, though I know that if these arguments were challenged I would in the end have to rest on convictions for which I had no further direct argument. I say 'I think' I have arguments ... because I know that others have taken a contrary view, that I might not be able to convince them, and that they might, in fact, be able to convince me if I gave them a decent opportunity to do so. But now suppose someone, having heard my arguments, asks me whether I have any different arguments for the further view that slavery is objectively or really unjust. I know I do not because, so far as I can tell, it is not a further claim at all but just the same claim put in a slightly more emphatic form"[95]. Er fährt fort: Mein Gegner "might say that the further question, about whether slavery is objectively unjust, asks whether everyone agrees that it is .... In that case I would say that I do not believe slavery is objectively unjust. But this would in no way affect or qualify my original judgement, that slavery is unjust. I never thought everyone did or would agree"[96]. Eine andere wichtige Bemerkung: "We might say that in these examples the constraint is 'internal' or 'subjective'. It is nevertheless phenomenologically genuine, and that is what is important here. We are trying to see what interpretation is like from the point of view of the interpreter, and from that point of view the constraint he feels is as genuine as if it were uncontroversial, as if everyone else felt it as powerfully as he does"[97].

Wenn ich auf die weitere Frage "warum?" keine Antwort mehr habe, ist es dennoch nicht absurd, den Wahrheitsanspruch aufrechtzuerhalten, unabhängig davon, ob ich Zustimmung finde oder nicht. Wenn z.B. kein Fehlschluß oder kein Widerspruch in meinem Theoriesystem als solchem besteht, dann kann trotz des Fehlens der intersubjektiven Übereinstimmung niemand mich zur Änderung meiner Theorie zwingen. Gerade weil Dworkin die Beweisbarkeit der

---

[94] Ebd., S. 319.

[95] MP, S. 171.

[96] Ebd., S. 171 f.

[97] LE, S. 235.

Wahrheit ablehnt, beharrt er darauf, daß die Wahrheitsfindung letzten Endes auf einem sorgfältigen Prozeß der Reflexion jedes Menschen selbst beruht.

4.5.2 Neue oder alte Wertbegründungsmethode?

Wer an der herkömmlichen Korrespondenztheorie der Wahrheit festhalten will, hat kein Verständnis für die von Dworkin vertretene neuartige Wahrheitsanschauung. Bittner beschreibt dieses Phänomen ganz genau: "Die weitgehend ablehnende, teils empörte Reaktion auf Dworkins These von der richtigen Antwort ist am ehesten daraus zu erklären, daß Dworkin allgemein anerkannte Grundregeln wissenschaftlicher Auseinandersetzung in Frage stellt: Hier nimmt es sich einer heraus, mit einem absoluten Wahrheitsanspruch in Fragen politischer Moral aufzutreten, obwohl er seine Wahrheiten nicht beweisen kann ..."[98].
Es ist wahr, daß sich Dworkins Wahrheitsanschauung nicht in die herkömmlichen wissenschaftlichen Kategorien einordnen läßt. Er hat uns in der Tat eine Wahrheitsanschauung vorgelegt. Aber wenn uns diese Art von Wahrheitsanschauung nicht zufriedenstellen kann und wir weiterhin eine Begründungsmethode erwarten, die alle Menschen akzeptieren können, dann muß einfach klar gemacht werden, daß uns Dworkin eigentlich keine neue Lösung für die alte Frage anbieten will, die in den letzten Jahrtausenden viele der intelligentsten Köpfe des jeweiligen Zeitalters nicht lösen konnten.
Trotzdem sollte Dworkins Anschauung sich an der Wirklichkeit des menschlichen Lebens der letzten Jahrtausende messen lassen. Guest sagt: "This method bothers some people. Why should we be introduced to another person's intuitions? We either accept them or we do not. We want argument. ... Arguments cause us to change our intuitions; or our intuitions cause us to change our arguments. It is a two way process which works and describes the actual arguments that we have in daily life. So it should not appear so strange"[99].

---

98 Bittner, RaiP, S. 242 f.
99 Guest, Ronald Dworkin (wie Anm. 79), S. 9 f.

4.5.3 Eine Ethik der Rechtsprechung

Dworkin ist sich völlig der Bedeutung der Right-answer-These für die Verwirklichung seines Ideales des Rechtsschutzes bewußt. Er hat versucht zu zeigen, wie die "narrative consistency" als solche das Kriterium der richtigen Interpretation sein kann. Aber dieser Versuch ist gescheitert und erweist sich als naiv.
Die Vertretbarkeit der Right-answer-These hängt nun davon ab, ob man die von Dworkin vertretene Wahrheitsanschauung teilt. Hier schafft seine Rechtstheorie jedenfalls einen Anschluß an die allgemeine Wertbegründungsfrage in der Ethik und erringt damit eine philosophische Qualität, die über den Bereich einer reinen Rechtstheorie weit hinausführt[100].

---

100 Obwohl die Richtigkeit eines Urteils letztlich auf der Wertbegründungsfrage beruht, ist Dworkins Theorie immer noch keine Naturrechtslehre. Der Grund liegt darin, daß alle wählbaren Moraltheorien bei Dworkin immer noch die von der Institution des Rechts anerkannte Moralität rechtfertigen sollen. Aber diese Forderung ist nach der Naturrechtslehre nicht notwendig; denn es gibt ungerechte Institutionen, deren Moralität keine wirklich *moralische* Moraltheorie rechtfertigen kann.

5 Die Konsistenz der amerikanischen Rechtspraxis

5.1 Justiz als Bühne für politischen Streit

5.1.1 Der "Alptraum" und der "vornehme Traum"

Hart hielt im Jahre 1977 an der Georgia Universität einen Gastvortrag mit dem Titel "*American jurisprudence through Englisch eyes: The nightmare and the noble dream*", in dem er darauf verweist, daß die amerikanische Jurisprudenz in hohem Maße von zwei konträren Ansichten besetzt ist, nämlich von "the nightmare" und "the noble dream".

5.1.1.1 "The Nightmare" - Das politisierende Verfassungsgericht

Während die Noble-dream-Position behauptet, daß die amerikanischen Richter immer kraft existierenden Rechts ihre Urteile gefällt hätten, meinen die Verfechter der Nightmare-Ansicht: Wer davon träumt, daß die amerikanischen Richter ausschließlich kraft des existierenden Rechts ihre Entscheidungen getroffen hätten, unterliegt einer Illusion und wird schließlich grausam enttäuscht werden.

In Wahrheit hätten die amerikanischen Richter nicht bloß Recht angewendet, sondern immer neues Recht geschaffen. Sobald der Träumer die Wirklichkeit zur Kenntnis nimmt, wird diese Wirklichkeit ein schockierender Alptraum für ihn. Nach Hart bestätigen die Tatsachen der amerikanischen Rechtskultur eher die Nightmare-Position: "Certainly a clear-eyed scrutiny of the course of American constitutional decision seems to support the Nightmare view ..."[1].

Von 1801 bis 1835 versuchte der Oberste Gerichtshof, dessen berühmter Chief Justice seinerzeit J. Marshall war, durch seine Urteile die Kompetenzen der zentralen Regierung zu erweitern. Von 1835 bis 1862 tat der Oberste Gerichtshof das

---

1 Herbert L. A. Hart, American Jurisprudence through English Eyes: The Nightmare and the Noble Dream, in: Georgia Law Review, Vol. 11 (1977), S. 969-989; S. 972.

Gegenteil. Nach dem Ausbruch des Bürgerkrieges stärkte der Oberste Gerichtshof wieder die Macht der zentralen Regierung.

Außerdem leistete der Oberste Gerichtshof erbitterten Widerstand gegen die "New Deal Decision" vom Präsident F. D. Roosevelt und erklärte viele Maßnahmen von Roosevelt für verfassungswidrig (unconstitutional), um die liberale Wirtschaftsordnung zu bewahren. Ab 1937 begann er jedoch, vor Rooselvelt zurückzuweichen[2].

Der Oberste Gerichtshof konnte eine und dieselbe Verfassung zu unterschiedlichen Zeiten als zentralistisch und als dezentralistisch, planwirtschaftlich und als wirtschaftsliberal interpretieren[3]. Deswegen sagt C. E. Hughes: "We are under a constitution, but the constitution is what the judges say it is"[4].

Der Oberste Gerichtshof hat zudem im Jahre 1857 die Sklaverei anerkannt und im Jahre 1896 ein Urteil zugunsten der Apartheid gefällt. Erst im Jahre 1954, nachdem viele schwarze Amerikaner in den vorausgegangenen Kriegen ihr Leben fürs Vaterland geopfert hatten, bekannte sich der Oberste Gerichtshof zur Gleichberechtigung.

Ein berühmter Satz des französischen Politologen de Tocqueville lautet: "... scarcely any political question arises in the United States that is not resolved, sooner or later, into a judicial question"[5]. Um die Wirklichkeit nicht zu ver-

---

2 Alf Ross sagt: "The principles concerning ownership, economic freedom and freedom of contract which made possible the tremendous expansion of the American community in the early part of the nineteenth century, became in the latter half of the century a reactionary power which, to preserve the advantages of the propertied classes, hindered the evolution toward social levelling and welfare. The United States Supreme Court used its constitutional power - often by straining its interpretation of the Constitution - in order to overrule the validity of a series of laws resulting from the needs of this evolution .... This occurred, for example, in the laws for the regulation of work hours or the establishment of minimum wages; laws concerning child labour in mines and factories; laws forbidding employers to interfere in their employees' membership in trade unions; laws for the restriction of the owner's unlimited right over his property. ... This battle against advancing social principles in legislation reached a dramatic climax when after the great depression of 1929 President Roosevelt began his New Deal in the thirties. ... Since about 1937 the American Supreme Court has accepted the new economic ideology ..." (Zitiert nach Howard Davies und David Holdcroft, Jurisprudence, London: Butterworths 1991, S. 170).

3 Vgl. Chin-Re Liu und Meng-Wu Sa, Die Verfassungen und die Regierungen der westlichen demokratischen Staaten (Chinesischer Buchtitel), Taipei: San-Min Verlag [5]1978, S. 158.

4 Zitiert nach ebd., S. 158.

5 Hart, American Jurisprudence through English Eyes: The Nightmare and the Noble Dream (wie Anm. 1), S. 970.

zerren, bedarf es jedoch einer "cynical interpretation of de Tocqueville's observation that political questions in the United States sooner or later become judicial questions. Perhaps they do so, ... but the fact that they are decided in American law courts by judges does not mean that they are not there decided politically"[6]. Die Richter machen Politik, und ihre Taten werden als "aristocracy of the robe" bezeichnet[7].

Es ist nicht erstaunlich, daß die amerikanische Jurisprudenz in den 20er und 30er Jahren die Vorherrschaft des "Legal Realism" zur Folge hatte. Nach dem Realismus ist es völlig verfehlt, wenn man sich bei der Untersuchung der Frage, was Recht ist, den Gesetzbüchern zuwendet. Das Recht stehe weder in den Gesetzesbüchern noch in der Sammlung der Präzedenzfälle, sondern das Recht sei, was der Richter tun wird. Wenn also eine Partei einen Rechtsprozeß gewinnen will, dann wäre es vernünftiger, daß sie, statt Gesetzbücher zu studieren, den Charakter, die Erziehung, die Religion, die Familie und die politische Einstellung des Richters kennenzulernen versucht.

5.1.2 Die Herausforderung des internen Skeptizismus

Die Vertretbarkeit von Dworkins interpretativer Rechtskonzeption hängt nun von der Antwort auf die folgende Frage ab: Hat sich die amerikanische Rechtspraxis tatsächlich immer auf konsistente Weise vollzogen? Denn wenn die Antwort negativ ist und die Richter in der Geschichte mehrfach neues Recht schufen, d.h. den Kurs änderten, dann ist der heutige Interpret nicht in der Lage, lediglich mit *einer* Moraltheorie die ganze Tradition der amerikanischen Justiz zu erklären.

Dworkin nennt Einwände dieser Art "internen Skeptizismus". Der interne Skeptizismus "[wants to] show that legal practice is too deeply contradictory to yield to any coherent interpretation at all. ... [it] insists that the law of accidents, for example, is so shot through with contradiction that no interpretation can fit more than an arbitrary and limited part of it"[8]. In Levinsons Worten: "Finding the one correct solution to a legal problem is difficult, ... when decisions, statutes and

---

6 Ebd., S. 972.

7 Vgl. Liu und Sa, Die Verfassungen und die Regierungen der westlichen demokratischen Staaten (wie Anm. 3), S. 159.

8 LE, S. 268.

constitutions ... are not the product of a single mind .... Unless one simply assumes that there is no genuine ideological pluralism in American life", darf man nicht von Konsistenz in der amerikanischen Justiz sprechen[9].
Hier müssen wir jedoch zwei Gründe für die Unmöglichkeit einer "right answer" voneinander unterscheiden. Der Zweifel an der Existenz einer einzigen richtigen Antwort liegt nach dem *internen* Skeptizismus nicht mehr darin, daß ihr, wie der *externe* Skeptizismus behauptet (vgl. Kap. 4), die korrespondierende Wirklichkeit fehlt, sondern darin, daß der Interpret, der seine Augen nicht vor der Wirklichkeit verschließt, nicht einmal eine richtige Antwort *für sich selbst* finden kann. Der einfach zu verstehende Grund ist, daß der heutige Interpret wegen der Kursänderungen in der Geschichte der amerikanischen Rechtspraxis die ganze Rechtstradition nicht mit einer einzigen Theorie erklären kann.
Dworkin selbst gibt zu: Der interne Skeptizismus "is a much stronger skeptical challenge because it attacks the feasibility of integrity at its root"[10].

5.2 Testfall: Sklaverei und Diskriminierung

5.2.1 Eine harte Probe für die interpretative Konzeption

Die inkonsistente Haltung der amerikanischen Justiz der schwarzen Bevölkerung gegenüber ist eine harte Probe für Dworkins Rechtskonzeption. Wie Greenawalt mit Fug und Recht sagt: "The most notable instance of inconsistency between legal standards in the United States and moral concepts was long-time legalization of slavery"[11]. Es scheint, daß die amerikanische Justiz in jeder Epoche der Geschichte immer der jeweiligen Ideologie folgte. Erst nachdem sich die jüngste Gerechtigkeitsvorstellung durchgesetzt hatte, urteilte das Gericht zugunsten der Gleichberechtigung der Schwarzen.

---

9 Standford Levinson, Taking Law Seriously: Reflection on "Thinking Like a Lawyer", in: Stanford Law Review, Vol. 30 (1978), S. 1071-1109; S. 1083.

10 LE, S. 268.

11 Kent Greenawalt, Policy, Rights, and Judicial Decision, in: Ronald Dworkin and Contemporary Jurisprudence (hrsg. von Marshall Cohen), Totowa (New Jersey): Rowman & Allanheld 1984, S. 111.

Um diese Probe zu bestehen, muß Dworkins Rechtstheorie ein stichhaltiges Argument anbieten, das für die Konsistenz der amerikanischen Justizpraxis spricht. Meiner Ansicht nach werden wir die Grenze von Dworkins interpretativer Fertigkeit sehen, wenn wir seine Verteidigung der Kontinuität des amerikanischen Rechts in der Rassenfrage verfolgt haben werden. Deshalb werde ich erst nach Vorstellung der folgenden von mir rekonstruierten Auseinandersetzung den Versuch einer angemessenen Würdigung der interpretativen Rechtskonzeption unternehmen.

5.2.2 Rechtlich vorgeschriebene Rassendiskriminierung

Wir können das nach dem Bürgerkrieg entstandene "14. Amendement" der Verfassung als das erste Beispiel betrachten, das "the equal protection of the law" festschreibt. Trotzdem bestand die Segregation beim Gebrauch der öffentlichen Einrichtungen weiter. Z.B. durften Schwarze nur im rückwärtigen Teil eines Busses stehen, und es war ihren Kindern nicht erlaubt, in Schulen der Weißen zu lernen.

Nach der Meinung des Obersten Gerichtshofs verletzte die Segregation die Gleichheit nicht, er interpretierte die Segregation mit der Formel "getrennt, aber gleich" (separate but equal). Die Schwarzen können genauso wie die Weißen in die Schule gehen und mit dem Bus fahren. Wo sind die Schwarzen da ungleich behandelt?

Zudem interpretierte der Oberste Gerichtshof in den "Civil Rights Cases" im Jahre 1883 den 14. Zusatzartikel auf folgende Weise: "... the fourteenth amendment does not give Congress power to forbid racial discrimination in privately owned places of public amusement and accommodation"[12].

Dieses Urteil ist von großer Bedeutung und gleichzeitig ein starker Einwand gegen Dworkins *Rechtstheorie der Rechte*, weil es nichts anderes bedeutet, als daß der Oberste Gerichtshof die Ausgrenzung der schwarzen Bevölkerung aus der Mitbenutzung dieser Einrichtungen als *Recht* ihrer weißen privaten Inhaber versteht und anerkennt. Die weißen Inhaber der Einrichtungen zur öffentlichen Unterhaltung haben das verfassungs*rechtlich fundierte Recht*, die Schwarzen zu diskriminieren.

---

[12] Stephen R. Munzer und James W. Nickel, Does the Constitution Mean what it always Meant?, in: Columbia Law Review, Vol. 77 (1977), S. 1029-1062; S. 1051.

Wie kann man angesichts der oben dargestellten Tatsache noch behaupten, daß die schwarze Bevölkerung, deren Gleichberechtigung stets von der amerikanischen Rechtsinstitution verneint wurde, seit der Gründung der Vereinigten Staaten kraft des amerikanischen Rechts schon das Recht auf Gleichberechtigung hatte?

Erst im Jahre 1954, nachdem unzählige schwarze Amerikaner gelitten und gekämpft hatten, urteilte der Oberste Gerichtshof zugunsten der schwarzen Bevölkerung. "Heute müssen dagegen die Gesetze ... farbenblind ('color-blind') sein", wenn sie verschiedene Rassen behandeln[13]. Wurde das Recht auf Gleichbehandlung für die schwarze Bevölkerung nicht durch dieses Urteil erst geschaffen?

5.2.3 Das Beispiel der "Fugitive Slave Acts"

Kritiker wollen anhand eines anderen bedeutenden Beispiels die Unhaltbarkeit von Dworkins Behauptung ausleuchten: Vor dem amerikanischen Bürgerkrieg gab es "Fugitive Slave Acts". Nach diesen Gesetzen sollten geflohene Sklaven zu ihren Herren zurückgeschickt werden, auch wenn sie schon in einen Staat geflohen waren, wo die Sklaverei verboten war.

Die Richter Story und Shaw in Massachusetts, die selbst Gegner der Sklaverei waren, führten dennoch das Gesetz aus und schickten zwei aus Virginia geflohene Sklaven zurück, weil die Vorschriften des ganzen Rechtssystems einschließlich der aus ihm abzuleitenden Prinzipien nach Meinung der beiden Richter leider nichts anderes erlaubten[14]. Wenn wir das Rule-book-Modell der

---

[13] Dieter Blumenwitz, Einführung in das anglo-amerikanische Recht, München: C. H. Beck [4]1990, S. 28.

[14] Vgl. John Mackie, The Third Theory of Law, in: Ronald Dworkin and Contemporary Jurisprudence (hrsg. von Marshall Cohen), Totowa (New Jersey): Rowman & Allanheld 1984, S. 166. - Mackie weist darauf hin, daß die damaligen Abgeordneten im Kongreß und noch früher die Gesetzgeber in der verfassungsgebenden Versammlung "created and maintained a compromise between the slave states and the nonslave states; therefore, sending an alleged slave back to the state from which he had come was the natural fulfilment of that compromise" (S. 166).

Dieser Kompromiß, der zur Anerkennung der Sklaverei in den Südstaaten führte, ist verfassungsrechtlich fundiert und seine Folgen sollen von den Richtern beachtet werden. Greenawalt weist auf folgendes hin: "A ... judge in the pre-Civil War United States might, for example, have believed that slaves had a moral or 'background' right to be free; but as a judge

Rechtspraxis akzeptieren, dann müssen wir zugeben: "... when presented with a slave owner's claim based on an indisputably correct reading of a clearly constitutional statute, the judge's legal duty was to decide in favor of the slave owner (even if the judge might be morally justified either in resigning his office or subverting the law)"[15].

Aber Dworkin lehnt das Rule-book-Modell ab. Wie vorauszusehen, kritisiert er dieses Urteil als Fehlurteil. Er meint, daß das Recht noch nicht geklärt ("settled") war, so daß alle geschriebenen Rechtsregeln und alle Präzedenzfälle sich für das Urteil der beiden Richter auszusprechen schienen[16].

Zunächst unterstellt er den beiden Richtern Rechtspositivismus. Dann behauptet er, wenn die beiden Richter Befürworter seiner Konzeption "law as integrity" gewesen wären, dann hätten sie einsehen können, daß es in der Verfassung der Vereinigten Staaten damals schon die Rechtsbestimmung für die Freilassung der Sklaven gab. "According to Professor Dworkin, the reasoning of these judges was a 'failure of jurisprudence', if they had been adherents, not of positivism, but of the third theory [sc. Dworkin's theory], they could have found in the general structure of the American Constitution 'a conception of individual freedom antagonistic to slavery' ... "[17]. In diesem Fall hätten die beiden Richter die geflohenen Sklaven freisprechen müssen.

5.2.4 Nur Rechtsprinzipien zugunsten der Sklaverei

Im Gegensatz zu Dworkins Ansicht bestreiten die Kritiker nicht nur, daß man aus dem damaligen Recht eine Rechtsbestimmung für Rassengleichheit abstrahieren kann, sondern sie behaupten sogar im Gegenteil, daß man aus ihm nur Rechtsprinzipien zugunsten der Sklaverei ableiten könne.

Mackie argumentiert hier: "What principles that are relevant to this case are implicit in the settled law? The fundamental fact is the Union itself, which arose out of an alliance, against Britain, of thirteen separate and very different colonies. It was recognized from the start that these colonies, and the states

---

he had to implement many institutionalized rights of slave owners" (Policy, Rights, and Judicial Decision [wie Anm. 11], S. 89).

[15] Greenawalt, Policy, Rights, and Judicial Decision (wie Anm. 11), S. 111.

[16] Zitiert nach Mackie, The Third Theory of Law (wie Anm. 14), S. 166 f.

[17] Ebd., S. 166.

which they have become, have diverse institutions and ways of life. The Union exists and can survive only through compromises on issues where these differing institutions and ways of life come into conflict. One salient principle, then, enshrined as clearly as anything could be in the federal Constitution and in various statutes, is that the rights which individuals have by virtue of the institutions of the states in which they live are to be protected throughout the Union. A Virginian slave-owner's property in his slaves is one of these rights; the clear intention of Article IV, Section 2, of the Constitution and of the Fugitive Slave Acts is to protect this right[18]".

Mackie fügt hinzu: "The conception of federalism does no doubt give the state of Massachusetts the power to supervise the capture of men and women in its territory, but this power must be exercised in ways that respects the institutions of Virginia and the rights of citizens of Virginia, especially as these are further protected by federal law"[19].

Greenawalt teilt die Meinung von Mackie: Dworkin betone, daß die Sklaven zu jener Zeit kraft der amerikanischen Rechtsinstitution ein Recht auf Gleichheit gehabt hätten, "because 'the general structure of the American Constitution presupposed a conception of individual freedom antagonistic to slavery'. It is much less clear to me than it is to Dworkin that a judge who took his theory seriously could happily have decided for slaves in every doubtful case. After all, ... the federal Constitution undoubtedly provides protection for the practice of slavery and ... it acknowledges its appropriateness. Whether we like it or not, the theory that would best justify the original Constitution might well include the principle that Negroes are not full human beings or at least are not entitled to the rights of other human beings"[20].

Die Sklaverei fuße seit der Gründung der Vereinigten Staaten auf einem *verfassungsrechtlich anerkannten Kompromiß*. Deshalb sei es vollständig unklug und unangebracht, weiterhin zu behaupten, die Rassengleichheit sei eine Idee in der Tradition des amerikanischen Rechts.

---

[18] Ebd., S. 168.

[19] Ebd., S. 168.

[20] Greenawalt, Policy, Rights, and Judicial Decision (wie Anm. 11), S. 111.

5.2.5 Die Bedeutung der "Fehler"

Dworkins Kritiker bestreiten, daß das Urteil der Richter Story und Shaw als Fehler gelten soll. Nach Dworkins Rechtskonzeption darf der Richter ein Urteil nur dann als "Fehler" ansehen, wenn es der Rechtstradition widerspricht. Wo ein Urteil nicht gegen die Tradition verstößt, ist der Richter nicht befugt, es lediglich wegen eines Widerspruchs zu seiner eigenen Gerechtigkeitsvorstellung als Fehler anzusehen. Deswegen soll man nach der Fehlertheorie die Fehlurteile als zufällige Entgleisungen bzw. Ausnahmen betrachten.
Dworkins Kritiker betonen demgegenüber, daß das amerikanische Recht früher gerade Sklaverei und Rassendiskriminierung intendierte. Sie wollen folgende Schlußfolgerung ziehen: In bestimmten Angelegenheiten stellt sich die Rechtsinstitution der Vereinigten Staaten in ihren früheren Epochen statt als Institution mit Fehlern *als Ausnahmen* nur als *Fehlinstitution als solche* dar. In diesen Angelegenheiten kann man keineswegs behaupten, daß z.B. das Prinzip der Rassengleichheit von Anfang an dem amerikanischen Rechtssystem innewohnte und die schwarze Bevölkerung seit der Entstehung der amerikanischen Rechtsinstitution kraft des positiven Rechts gleichberechtigt ist.

5.3 Verteidigung Dworkins aus der Sicht der interpretativen Betrachtungsweise

5.3.1 Das Bekenntnis zum Schutz der Menschenrechte in der Verfassung

Dworkins Gegner scheinen aufgrund der oben dargestellten historischen Tatsachen einen starken Rückhalt für ihre Behauptung zu haben. Trotzdem erscheint es mir möglich, daß Dworkin seine These weiter verteidigt.
Er plädiert für eine interpretative Haltung dem Recht gegenüber. Deswegen sollten wir zunächst von einem interpretativen Standpunkt aus fragen, ob Dworkins Theorie haltbar ist oder nicht. Viele Kritiker haben m.E. nicht genügend auf das argumentatorische Vermögen der interpretativen Methode geachtet, weil sie selbst von vornherein keine interpretative Haltung einnehmen und

stattdessen immer nur auf die oberflächlichen Widersprüche in der Geschichte der amerikanischen Rechtspraxis achten.
Dworkin kann argumentieren, daß sich die politische Tradition der Vereinigten Staaten von vornherein zur Freiheit und Gleichheit aller Menschen bekannt hat.
Der 13. Zusatzartikel der amerikanischen Verfassung von 1865, der die Sklaverei verbietet, lautet: "Weder Sklaverei noch unfreiwillige Dienstknechtschaft soll ... in den Vereinigten Staaten oder in irgendeinem ihrer Hoheit unterworfenen Gebiet bestehen"[21]. Und der 14. Zusatzartikel von 1869 schreibt "den gleichen Schutz der Gesetze" vor[22].
Die oben genannten Artikel entstanden erst nach dem Bürgerkrieg und sind also keine Nachweise für die Tradition des Gleichheitsgedankens in den Vereinigten Staaten. Dennoch kann sich Dworkin auf noch früher entstandene Rechtsdokumente berufen.
Unmittelbar bei Gründung der Vereinigten Staaten entstand in jedem Staat, d.h. Virginia, Pennsylvania, Maryland, North-Carolina, Vermont, Massachusetts und New Hampshire eine "Bill of Rights"[23]. Die älteste Bill of Rights ist die von Virginia (12. Juni 1776) und der erste Satz ihres ersten Artikels lautet: "Alle Menschen sind von Natur aus gleichermaßen frei und unabhängig und besitzen gewisse angeborene Rechte, deren sie ... durch keine Abmachung ihre Nachkommenschaft berauben oder entkleiden können, und zwar den Genuß des Lebens und der Freiheit und dazu die Möglichkeit, Eigentum zu erwerben und zu besitzen und Glück und Sicherheit zu erstreben und zu erlangen"[24].
Der erste Zusatzartikel, der im Jahre 1791 entstand, lautet: "Der Kongreß soll kein Gesetz erlassen, das eine Einrichtung einer Religion zum Gegenstand hat oder deren freie Ausübung beschränkt, oder eines, das Rede- und Pressefreiheit oder das Recht des Volkes, sich friedlich zu versammeln und an die Regierung eine Petition zur Abstellung von Mißständen zu richten, verkürzt"[25]. Und der vierte Zusatzartikel, der auch im Jahre 1791 erlassen wurde, schreibt vor: "Das Recht des Volkes auf Sicherheit der Person, des Hauses, der Papiere und der Habe vor ungerechtfertigter Nachsuchung und Beschlagnahme soll nicht ver-

---

21 Die Menschenrechte (hrsg. von Wolfgang Heidelmeyer), Paderborn / München / Wien / Zürich: UTB Schöningh ³1982, S. 226.
22 Ebd., S. 226.
23 Vgl. ebd., S. 16.
24 Ebd., S. 56.
25 Ebd., S. 224.

letzt werden ..."[26]. Aufgrund dieser Vorschriften ist Dworkin m.E. berechtigt zu behaupten, daß "in the general structure of the American Constitution a conception of individual freedom" vorliegt[27]. Die Nation hat sich von Anfang an die freie Entfaltung der Persönlichkeit *aller* Menschen zum Ziel gesetzt, die offenbar, wenn sie richtig interpretiert würde, die Sklaverei nicht erlaubte.

5.3.2 Keine Änderung des amerikanischen Verfassungsrechts?

Trotz der Dokumente, die Dworkins These unterstützen, meint Mackie: Dworkins Meinung "that the Constitution presupposes a conception of freedom antagonistic to slavery, cannot be upheld. Jefferson, who actually wrote the Declaration of Independence, and who later was mainly responsible for the amendments which most strongly assert individual rights, was himself a slave-owner. The individual freedom which the Constitution presupposes was never intended to apply to slaves"[28].

Die Pointe dieses Einwands ist, daß mit dem Begriff "Menschen" zu jener Zeit im Denken des Gesetzgebers wie in manchen anderen Situationen im Denken der damaligen weißen Menschen nicht die Schwarzen gemeint waren. Hart erzählt uns eine Geschichte aus dem Alltag, die die Menschen von heute peinlich berührt: "Huckleberry Finn, when asked if the explosion of a steamboat boiler had hurt anyone, replied, 'No'm: killed a nigger'"[29].

Manche würden sagen, daß die eigentlichen Bestimmungen der Verfassung statt auf den Willen des Gesetzgebers immer auf die Interpretation des höchsten Gerichts angewiesen seien. Deshalb sollten wir ermitteln, wie der Oberste Gerichtshof die Begriffe der Verfassung in der Geschichte gedeutet hat. Hart zitiert die Worte von Hoadly: "Whoever hath an *absolute authority to interpret* any written or spoken laws, it is *he* who is truely the *Law-giver* ..., and not the person who first wrote or spoke them"[30]. Mackie meint ebenfalls: "Whichever judge's opinion wins the day in the final court of appeal will become the law and will

---

[26] Ebd., S. 225.

[27] Mackie, The Third Theory of Law (wie Anm. 14), S. 166.

[28] Ebd., S. 168.

[29] Herbert L. A. Hart, The Concept of Law, Oxford: Oxford University Press [2]1972, S. 196.

[30] Hart, American Jurisprudence through English Eyes: The Nightmare and the Noble Dream (wie Anm. 1), S. 975.

then be the law. The judges who finally decide the case will have been legislating, though they will sincerely, consistently, and rationally believe that they have not"[31].

Hat aber der oberste Gerichtshof die Verfassung auf konsistente Weise und von Anfang an zugunsten der Schwarzen interpretiert? Die Tatsachen sprechen offenbar für das Gegenteil, denn die Schwarzen hatten in der Vergangenheit trotz der Existenz derselben Verfassung diejenigen Rechte nicht, die sie heute genießen. Daraus folgt, daß die Rechte für die Schwarzen in der Geschichte erst durch ein umwälzendes Urteil des Obersten Gerichtshofs geschaffen wurden. Dworkins Gegner dürften behaupten, daß die amerikanische Verfassung trotz ihres unveränderten Wortlautes inhaltlich geändert worden ist.

5.3.2.1 Nominelle Kontinuität

Seit jeher ist das merkwürdige Phänomen bekannt, daß sich ein Terminus leicht mit verschiedenen und sogar widersprüchlichen Wertvorstellungen bzw. Moraltheorien ausfüllen läßt und deswegen Wohltat und Untat in demselben Namen geschehen können. Z.B. bekennt sich die amerikanische Verfassung zum Schutz der Freiheit. Dennoch können im Namen des Freiheitsschutzes widersprüchliche Handlungen praktiziert werden. Alf Ross erzählt uns ein Beispiel: "Thomas Dew, the American political theorist, declared that 'it is ordained by nature and by God that the being who has the greatest abilities and learning and therefore the greater power shall rule and dispose over him who is inferior'. On this basis he upheld the institution of slavery in the Southern States, and others went so far as to maintain that slavery assures the natural rights of that slaves. Liberty in its true sense is not licence. 'For this reason slavery secures them in their natural rights and endows them with real liberty to the extent to which they are capable of receiving it. Were the institution of slavery to be abolished they would no longer enjoy their natural rights'"[32]. Ein anderes Beispiel lautet: "As recently as 1922 the United States Supreme Court (in the *Adkin's* case) reversed the validity of a law concerning minimum wages for women in the District of Columbia on the grounds that this law - which had been enacted in order to assure the worst-paid women a degree of acceptable minimum subsistence and

---

[31] Mackie, The Third Theory of Law (wie Anm. 14), S. 165.

[32] Davies und Holdcroft, Jurisprudence (wie Anm. 2), S. 167.

free them from the necessity of semi-prostitution - was an infringement of the natural right of these women to make contracts freely"[33].

Ist es nicht eine generelle Forderung von Dworkins Rechtstheorie, die in der Tradition des "Common Law" verwurzelt ist, daß der Richter mit der Moraltheorie, aufgrund derer er den ihm vorliegenden Fall entscheiden will, alle Präzedenzfälle rechtfertigen soll? Die Erfüllung dieser Forderung scheint nun nicht mehr möglich zu sein, weil unterschiedliche Moraltheorien den aufgrund der Auslegung desselben Verfassungsbegriffs - z.B. "freedom" - gefällten Urteilen zugrunde lagen. Wenn die früheren Urteile trotz der Heranziehung desselben Verfassungsbegriffs in Wahrheit aufgrund von unterschiedlichen Moraltheorien gefällt wurden, wie kann Dworkin dann heute die Präzedenzfälle mit seiner liberalistischen Moraltheorie rechtfertigen?

Wenn man wegen des unveränderten Wortlautes in der Verfassung von einer Kontinuität des Verfassungsrechts sprechen will, dann liegt die einzige Kontinuität wohl darin, daß die im Verlauf der Geschichte entstandenen Urteile von demselben Gericht und unter Berufung auf denselben Begriff in derselben Verfassung gefällt wurden. Das ist aber keine materiale, sondern nur eine nominelle Pseudo-Kontinuität. Dworkin selbst sagt warnend: "But in my imaginary exercise the novelists are expected to take their responsibilities seriously and to recognize the duty to create ... a single, unified novel rather than, for example, a series of independent short stories with characters bearing the same name"[34]. Dworkins Kritiker würden mit seinen Worten ironisch sagen, daß die Richter des Obersten Gerichtshofs im Laufe der Geschichte gerade verschiedene "stories" geschrieben haben, denen sie aber jeweils denselben Titel "For Equality and Liberty" gaben.

5.3.3 "Conceptions of one Concept"

Angesichts der unterschiedlichen Verhaltensweisen des Obersten Gerichtshofs und der aus ihnen entstandenen Rechtsfolgen in der amerikanischen Rechtsgeschichte halten viele Wissenschaftler die Behauptung von der Unveränderlichkeit des amerikanischen Verfassungsrechts für haltlos. Aber die Verneinung

---

[33] Ebd., S. 168.

[34] Ronald Dworkin, Law as Interpretation, in: Critical Inquiry, Vol. 9 (1982), S. 179-200; S. 193.

dieser Kontinuität hätte verheerende Folgen für Dworkins Rechtskonzeption. Denn sie würde bedeuten, daß der Oberste Gerichtshof neues Recht schuf. Dworkin stellt sich dieser Herausforderung auf der Ebene der geschriebenen Verfassung der Vereinigten Staaten, für deren Auslegung er die Lehre der "Conceptions of one concept" entwickelt. Er meint, daß sich das amerikanische Verfassungsrecht durch diese Lehre als unverändert verteidigen läßt. Nach dieser Lehre bedeuten die vielfältigen Deutungen eines und desselben Begriffs mit unterschiedlichen Moraltheorien nicht eine bloß nominelle Kontinuität. Ich werde zunächst Dworkins Lehre von den "Konzeptionen eines Begriffs" darstellen und dann ihre Probleme behandeln.

5.3.3.1 Die abstrakte Kernbedeutung des Begriffs

Jeder *Begriff* (concept) hat ein "core meaning". Die "Kernbedeutung" eines Begriffs kann abstrakt sein, weil sie uns nicht informiert, auf welche konkreten Gegenstände oder Ereignisse in der Welt sie sich bezieht. Z.B. ist die "core meaning" von "unfairness" nur "a wrongful division of benefits and burdens or a wrongful attribution of praise or blame"[35]. Die Übereinstimmung des Gebrauchs eines Begriffs auf der Ebene der Kernbedeutung ist nach Dworkin die Voraussetzung unserer Verständigung überhaupt. Er weist jedoch darauf hin, daß der Begriff eine andere Ebene besitzt, auf der eine Interpretation des Begriffs aufgrund unserer Wertauffassung oder unseres Sachverstandes unternommen werden kann[36]. Wenn jemand sagt, daß er über "die Unfairneß in der Welt" reden will, ist uns noch nicht klar, von welchen Institutionen und Handlungen die Rede sein wird. Wenn ein Sozialist und ein Liberalist dieses Thema hören, stellen sie sich jeweils unterschiedliche Inhalte vor. Sobald sie ihre Vorstellungen zum Ausdruck bringen, kommt es zum Streit. In diesem Fall verstehen sie die Aussagen des anderen wegen der Gleichheit der Kernbedeutungen nicht als bloße "noises", sondern durchaus als "claims", die jedoch nicht von dem jeweils anderen geteilt werden[37]. Bittner schreibt: "Damit, daß an ein *concept* appelliert, ein Problem 'auf den Begriff gebracht' wird, ist nach Dworkin lediglich klar,

---

[35] Munzer und Nickel, Does the Constitution Mean what it always Meant? (wie Anm. 12), S. 1038.

[36] Vgl. LE, S. 63 f.

[37] LE, S. 63.

welche Frage aufgeworfen und worüber zu streiten ist. Einen gemeinsamen Begriff von etwas zu haben, bedeute lediglich, auf einer abstrakten Ebene mit den anderen Mitgliedern der Sprachgemeinschaft übereinzustimmen und damit ein Plateau zu haben, von dem aus weitergedacht und argumentiert werden könne"[38].

Z.B. erklärt uns das Wörterbuch nur, daß der Begriff "Schaden" eine "negative Folge, die jemandem in geistiger oder materieller Hinsicht aus etwas erwächst", bedeutet. Im Jahr 1972 ließ sich eine Frau, die schon zwei Kinder hatte, sterilisieren. Dem Arzt unterlief dabei ein Kunstfehler. Doch wußte die Frau nicht, daß sie gebärfähig geblieben war, bis sie später wieder schwanger wurde. Schließlich verlangte sie *Schadens*ersatz, allerdings erging ein abweisendes Urteil mit folgender Begründung: "Die Geburt und Existenz eines Menschen stellt keinen Schaden dar. Kinder gelten nach der christlich-humanistischen Kulturvorstellung, wie sie unserer Rechts- und Gesellschaftsordnung zugrunde liegen, als besonders hohe Werte, ... die Geburt und Existenz eines Kindes kann nicht als Schadensfall angesehen werden" (BGHZ 76, 249)[39].

Die Wertauffassung oder der Sachverstand des Interpreten sind es, die entscheiden, ob ein tatsächlicher Umstand in der Welt dem von der Kernbedeutung auf abstrakte Weise dargestellten Sachverhalt entspricht oder nicht. Die "Konzeption" (conception) bedeutet bei Dworkin gerade die Interpretation des Begriffs (concept) anhand der Moraltheorie des Interpreten.

---

[38] Bittner, RaiP, S. 26 f. - vgl. auch Bittner, RaiP S. 26 - 31, Bre, S. 228, LE, S. 47 ff. und S. 70 f., Munzer und Nickel, Does the Constitution Mean what it always Meant? (wie Anm. 12), S. 1037-1041.

[39] Vgl. Uwe Wesel, Juristische Weltkunde - Eine Einführung in das Recht, Frankfurt a. M.: Suhrkamp ^{5}1990, S. 196 f. - Munzer und Nickel erläutern Dworkins Unterscheidung von "conception" und "concept" ausführlich: "The object of distinction is to justify the claim that the core meaning of the Constitution remains unchanged even when judges diverge from the specific content that the framers would have found there. ... To appeal to a concept is to invite rational discussion and argument about what words used to convey some general idea mean. Concepts are not tied to author's situation and intentions in the way that conceptions are. Broad phrases such as 'cruel and unusual punishment', 'freedom of speech' ... tend to be vague and abstract. While Dworkin is apparently not committed to thinking of the concepts denoted by these phases as utterly lacking of content, their content is not usually specific enough .... They are 'contested' concepts; their proper content is always disputable" (Does the Constitution Mean what it always Meant? [wie Anm. 12], S. 1037).

5.3.3.2 Die Zeitlichkeit unserer Vorstellung vom Begriffsinhalt

Zu unterschiedlichen Zeiten herrschen unterschiedliche Wertvorstellungen vor. Oft versteht bzw. interpretiert man die Begriffe jeweils nach den vorherrschenden Wertvorstellungen. Dworkin meint, daß jedes Zeitalter sein bestimmtes "Paradigma" hat. Das Paradigma ist die Standardvorstellung von einem Begriff, der eine bestimmte Wertvorstellung zugrunde liegt. Wenn wir von der Interpretation eines Begriffs im geschriebenen Recht sprechen, dann gilt nach Dworkin, "daß nicht einmal die Paradigmen sicher sind vor einer neuen Interpretation der Praxis .... Institutionelle Regeln verändern sich nach Dworkin, sofern die betreffende Gruppe die interpretative Haltung einnimmt und folglich diese Regeln nicht als Dogmen oder Tabu betrachtet, auf dem Weg der ständigen Neuinterpretation durch die Teilnehmer der Institution"[40]. Die Standardvorstellung von einem Begriff bzw. das Paradigma ist nicht "timeless"[41].

Dworkin bedient sich gerne des Beispiels der "courtesy". Ein Mann mit einer bestimmten Haltung Frauen gegenüber galt vor 100 Jahren als höflich, dieselbe Haltung mißfällt heute aber den Feministinnen. Die Frauen sind nach der heutigen Wertanschauung nicht mehr das schwache Geschlecht. Dworkin sagt also: "Yesterday's paradigm [of courtesy] would become today's chauvinism"[42]. Deshalb muß sich ein Mann, der heute von Frauen noch als höflich angesehen werden will, sehr anders benehmen als ein höflicher Mann von vor 100 Jahren.

Z.B. sagt ein alter Gentleman unmittelbar vor seinem Tode seinem Enkelsohn: "Be a courteous man!" Die hier durch die abstrakte Kernbedeutung vom Begriff (concept) "courtesy" ausgedrückte Anweisung für seinen Enkelsohn ist folgende: "Handele so, daß die Damen in deinem Verhalten stets Respekt vor ihnen spüren können!" Dennoch stellt der alte Gentleman sich die respektvolle Haltung den Frauen gegenüber anders vor als sein Enkelsohn, und sie handeln demzufolge auch unterschiedlich. Trotzdem meint Dworkin, daß der alte Gentleman und sein Enkelsohn *dieselbe Praxis* üben, sofern die Frauen unterschiedlicher Epochen trotz der unterschiedlichen Verhaltensweisen immer dieselbe Haltung von ihnen erfahren, nämlich Respekt. Deshalb sagt Dworkin: "Our practices are now very different from what they were several generations ago .... Yet we know the practice we have is the same *sort* of practice as those. There must therefore be

---

40 Bittner, RaiP, S. 44.

41 LE, S. 71.

42 Ebd., S. 73.

some feature all these different practices have in common in virtue of which they are all versions of courtesy"[43].

Im Recht gilt nach Dworkin jeder Rechtsbegriff aufgrund seiner abstrakten Kernbedeutung ebenfalls als eine auf abstrakte Weise formulierte Rechtsanweisung, die wegen der unterschiedlichen sozialen Verhältnisse im Laufe der Geschichte auf unterschiedliche Weisen durchgeführt werden darf und soll. Jede Verhaltensweise des Verfassungsgerichts in der Geschichte ging nach Dworkin von einer bestimmten "Konzeption" des Verfassungsbegriffs aus und bedeutete in der jeweiligen Epoche die *zeitgemäße, richtige* Durchführung der von der abstrakten Kernbedeutung *eines und desselben* Verfassungsbegriffs gegebenen Rechtsanweisung. Munzer und Nickel erläutern: "For example, Dworkin's view is that the authors of the Constitution were not giving, or even trying to give, instructions not to use some particular set of punishments when they prohibited cruel and unusual punishment in the eighth amendment. They were rather telling officials always to consider whether a proposed punishment is compatible with the best current views about what is cruel. It is as if they were saying, 'You have to figure out for yourselves what cruelty amounts to in your time and circumstances .... Hence one can arrive at innovative results without being open to the charge of infidelity to the Constitution"[44].

Der Staat bezweckt auch heute noch z.B. das Verbot der unmenschlichen Strafe, obwohl die Menschen nach der früheren Moralanschauung den Begriff (concept) "grausame Strafe" nur als Körperstrafe oder die Vollstreckung des Todesurteils durch Enthauptung vor der Öffentlichkeit verstehen konnten.

5.3.4 Viele zeitgemäß richtige "Konzeptionen"?

In diesem und dem nächsten Unterabschnitt versuche ich aus der Lehre von den "Konzeptionen eines Begriffs" ein Dilemma zu konstruieren, damit die Probleme dieser Lehre veranschaulicht werden.

Betrachten wir zuerst ein sehr wichtiges Beispiel zur Erläuterung dieser Lehre von den "Konzeptionen eines Begriffs". Dworkin sagt: "Angenommen, ich sage meinen Kindern einfach, daß ich von ihnen erwarte, daß sie andere nicht unfair

---

43 Ebd., S. 69.

44 Munzer und Nickel, Does the Constitution Mean what it always Meant? (wie Anm. 12), S. 1038 f.

behandeln. Ich denke dabei zweifellos an Beispiele des Verhaltens, von dem ich abschrecken möchte, ich würde jedoch nicht zustimmen, daß das, was ich 'meinte', auf diese Beispiele beschränkt war, und zwar aus zwei Gründen. Erstens würde ich von meinen Kindern erwarten, daß sie meine Anweisungen auf Situationen anwenden, an die ich nicht gedacht hatte und an die ich nicht hätte denken können. Zweitens bin ich bereit zuzugeben, daß eine bestimmte Handlung, die ich damals, als ich die Anweisung gab, für fair hielt, in Wirklichkeit unfair ist oder umgekehrt, wenn eines meiner Kinder später in der Lage ist, mich zu überzeugen. In diesem Fall würde ich sagen wollen, daß meine Anweisung den Fall, den das Kind anführte, erfaßten, nicht daß ich meine Anweisungen geändert habe. Ich könnte sagen, daß ich meinte, daß die Familie sich vom *Begriff* der Fairneß leiten lassen solle und nicht von irgendeiner spezifischen *Konzeption* der Fairneß, an die ich vielleicht bedacht habe"[45].

Was Dworkin in diesem Beispiel sagen will, ist, daß eine neue "Konzeption" keine Nichtbefolgung der alten Anweisung bzw. keine Änderung des existierenden Rechts bedeutet. Die von der Kernbedeutung eines Rechtsbegriffs erlaubten "Konzeptionen" beschränken sich nach Dworkin keineswegs auf die vom Gesetzgeber selbst und von den bisherigen Richtern gedachten "Konzeptionen".

Der "zweite Grund" in Dworkins Beispiel gibt die Möglichkeit der "Fehlkonzeption" zu und ist deswegen beachtenswert. Jedoch informiert der "zweite Grund" uns nicht darüber, ob die vom Vater ursprünglich gemeinte "Konzeption" nur in seinen Gedanken und in den Gedanken seiner Kindern existierte oder ob sie auch schon praktiziert worden ist. Dworkin läßt hier, wie ich erklären werde, in der Erläuterung seiner Lehre von den "Konzeptionen eines Begriffs" den entscheidenden Punkt offen.

Wir können folgende Situation annehmen, die den Vorgaben von Dworkins obigem Beispiel nicht widerspricht: Die vom Vater gedachte "Konzeption" ist von seinen Kindern im letzten Jahre praktiziert worden. Seit Anfang dieses Jahres hält eines der Kinder die "Konzeption" des Vaters für *von vornherein* schon falsch, und die ganze Familie ist auch sofort von der neuen "Konzeption" dieses Kindes überzeugt und handelt unverzüglich nach ihr. Die wesentliche Frage ist hier, wie man die im letzten Jahre *schon praktizierte* "Konzeption", die nun als "*Fehlkonzeption*" befunden worden ist, verstehen soll. Darf die früher aufgrund

---

[45] Bre, S. 227.

der "Fehlkonzeption" praktizierte Handlung auch als Praxis der "Fairneß" bzw. als Durchführung der Anweisung gelten?

Nach Dworkins eigener Erläuterung darf man nur dann sagen, daß ein und dieselbe mit der abstrakten Kernbedeutung eines Rechtsbegriffs gegebene Anweisung im Laufe der Geschichte nach unterschiedlichen "Konzeptionen" auf verschiedene Weisen durchgeführt wurde, wenn jede "Konzeption" angesichts der jeweiligen sozialen Verhältnisse eine richtige "Konzeption" für ihre Epoche war. Wenn aber z.B. eine im ganzen Jahre 1900 vorherrschende "Konzeption" eines Verfassungsbegriffs angesichts der damaligen sozialen Verhältnisse, d.h. nicht wegen des Wandels der Zeit, schon falsch war, dann wurde die Verfassung mit der Praxis aufgrund dieser "Fehlkonzeption" in Jahre 1900 meiner Meinung nach *nicht* durchgeführt.

Also muß Dworkin uns davon überzeugen, daß jede "Konzeption" des Obersten Gerichtshofs die jeweils richtige für ihre Epoche war. Vielleicht würde Dworkin sich nochmals auf die Beispiele von "courtesy" und "cruel punishments" berufen. Dennoch frage ich: Fühlten die Schwarzen sich als Sklaven und dann als rechtlich minderwertige Menschen damals sehr glücklich, respektiert, frei und auf gleiche Weise behandelt? Dworkins Verwendung des Gefühls der jeweils betroffenen Menschen in der Gesellschaft als Kriterium der Richtigkeit einer "Konzeption" kann nicht erfolgreich auf den Fall der "Konzeptionen" von "Gleichheit" und "Freiheit" angewandt werden.

Oder würde Dworkin meinen, solange irgendeine "Konzeption" nach der abstrakten Kernbedeutung eines Verfassungsbegriffs sprachlich möglich ist, muß sie automatisch als eine richtige Form der Durchführung der Verfassung angesehen werden? Ich finde diese mögliche Position unhaltbar. Gesetzt den Fall, alle Richter konnten vor 100 Jahren als Rassisten wie Thomas Dew nach ihren "Konzeptionen" des Begriffs "freedom" behaupten, daß die Sklaverei sowohl den Weißen als auch den Schwarzen ihre größte Freiheit und ihre "natural rights" gewährt. Wollte Dworkin daraus folgern, daß die Sklaverei der echte Wille der amerikanischen Verfassung vor 100 Jahren war?

5.3.4.1 Dworkins Dilemma

Falls nach Dworkin die vergangenen Urteile aufgrund von jeweils akzeptablen "Konzeptionen" des Verfassungsbegriffs gefällt und demzufolge die Schwarzen

damals zu Recht als Sklaven oder minderwertige Menschen behandelt worden sind, warum hat Dworkin dann diejenigen Urteile, in denen die Rückführung der geflohenen Sklaven und die Segregation usw. durchgeführt wurden, als Fehlurteile bezeichnet? In diesem Fall gerät Dworkin, der die Rechtsschöpfung des Obersten Gerichtshofs verneinen und die Präexistenz der Rechte der Schwarzen behaupten will, in einen Widerspruch.
Wenn Dworkin hingegen eingestehen würde, daß es im Hinblick auf den Begriff "Gleichheit" oder "Freiheit" *nur eine* richtige "Konzeption" für *alle Zeit* geben darf und z.B. die "Konzeption" des Jahres 1954 die erste richtige "Konzeption" der Verfassung ist, dann sollte er gleichzeitig zugeben, daß die früher aufgrund von "Fehlkonzeptionen" gefällten Urteile keine Durchführung der Verfassung sein können und demzufolge - so scheint es - die Rechte der Schwarzen auf Gleichbehandlung erst mit dem Urteil im Jahre 1954 entstanden, d.h. *geschaffen* wurden.

5.3.5 Benutzung des "unbestimmten Rechtsmaterials"

Dworkins Auslegungslehre für das geschriebene Recht ist meiner Meinung nach nichts anderes als ein Ausnutzen der vielfältigen Deutungsmöglichkeiten der abstrakten Kernbedeutung eines Begriffs zu dem Zweck, daß jeder Richter diesen Begriff mit seiner eigenen Moraltheorie deuten darf, solange die Deutung nach der abstrakten Kernbedeutung dieses Begriffs noch möglich ist[46]. Dies ist die gleiche Strategie wie die Ausnutzung der Unbestimmtheit der von der Gesamtheit aller Präzedenzfälle ausgedrückten Haltung gegenüber der spezifischen Situation im vorhandenen "hard case". Deshalb kann jeder Richter mit seiner eigenen Moraltheorie die unbestimmte Haltung des bisherigen Rechts bis zu einem gewissen Grad nach seinem Wunsch ausgestalten.
In diesem Sinne sind sowohl die abstrakte Kernbedeutung des Rechtsbegriffs (concept) als auch die Gesamtheit der Präzedenzfälle "*unbestimmtes Rechtsmaterial*" und *empfänglich* für verschiedene Moraltheorien.

---

[46] In diesem Fall hat Dworkin angesichts seines Zieles Glück, weil die Väter der amerikanischen Verfassung trotz ihrer rassistischen Gesinnung statt "Gleicheit aller Weißen" tatsächlich "Gleichheit aller *Menschen*" formuliert haben, sonst wüßten wir nicht, wie der Richter ohne Rechtsschöpfung zur heutigen "Konzeption" für Gleichberechtigung der Schwarzen kommen könnte.

Anschließend werde ich ein Problem erörtern, das bei der Übertragung dieser Strategie auf die Interpretation des geschriebenen Rechts auftaucht.

5.3.5.1 Wie läßt eine "Konzeption" sich als richtig vertreten?

Im Falle eines "tie" läßt sich die Gesamtheit der Präzedenzfälle durch verschiedene Moraltheorien rechtfertigen. Die Meinungsverschiedenheit ist für Dworkin zwar eine unleugbare Tatsache, jedoch kann das im Kontext seiner Theorie auf keinen Fall bedeuten, daß Herkules die anderen Interpretationen, die auch alle Präzedenzfälle rechtfertigen können, von seinem Standpunkt aus als richtige Antworten anerkennen sollte. Es gibt auch in dieser Situation *nur eine* "right answer" für Herkules, die allein den wahren Willen der Tradition repräsentiert, während die anderen Interpretationen für den vorhandenen Rechtsfall von Herkules als heutigem Richter nur als Fehlurteile betrachtet werden dürfen.
Wenn man die abstrakte Kernbedeutung eines "concept" auslegt, dann ist man mit einem "tie" konfrontiert. Wir können annehmen, daß Herkules und der Sozialdarwinist Thomas Dew vor 100 Jahren als Richter in demselben Rechtsprozeß denselben Rechtsbegriff "freedom" deuteten und schließlich unterschiedliche Urteile vorschlugen, die aber beide nach der abstrakten Kernbedeutung des Begriffs "freedom" möglich sind. Konnte Herkules meinen, daß deswegen beide "Konzeptionen" als *einzig* richtige Antworten betrachtet werden sollten? Das ist logisch unmöglich. In diesem Fall darf Herkules nach Dworkins Theorie nur sagen: Thomas kennt den echten Willen unserer Verfassung nicht!
Das "unbestimmte Rechtsmaterial" - sei es die abstrakte Kernbedeutung eines Rechtsbegriffs oder die durch die Gesamtheit der Präzedenzfälle ausgedrückte vage Haltung dem vorhandenen "hard case" gegenüber - läßt sich durch mehrere Moraltheorien deuten. Aber die Tatsache, daß verschiedene Interpretationen gleichmaßen in der Lage sind, das "unbestimmte Rechtsmaterial" auszulegen, bedeutet keineswegs, daß alle gelungenen Interpretationen von Herkules als verschiedene "right answers" akzeptiert werden können. Vielmehr hält Herkules weiter an seiner Interpretation als der einzigen "right answer" fest. Die Schlußfolgerung hieraus lautet: Die Beurteilung der Richtigkeit einer Interpretation des "unbestimmten Rechtsmaterials" ist nicht nur auf das Kriterium des "fit", sondern letzten Endes auf das Moralurteil des Interpreten angewiesen.

5.3.5.2 Die nie durchgeführte Verfassung vor 1954

Ich möchte behaupten, daß es seit der Gründung der Vereinigten Staaten bis zum Jahre 1954 überhaupt keine richtige "Konzeption" des Verfassungsbegriffs in der Rassenfrage gegeben hat und die Verfassungsbestimmung für die Rassengleichheit vor dem Jahre 1954 nie durchgeführt wurde. Wir können annehmen, daß der "Superman-Jurist" Herkules ein langlebiger Rechtsanwalt in den Vereinigten Staaten war, der sich von 1776 bis 1953 in *jedem* Rechtsprozeß in Bezug auf die Rassenfrage beruflich für die unterdrückten Schwarzen eingesetzt hat. Wegen der "Konzeptionen" der Begriffe "Gleichheit" und "Freiheit" der weißen Richter, deren Moraltheorien der Moralauffassung von Herkules widersprechen, hat Herkules 178 Jahre lange keinen einzigen Prozeß gewonnen. Vor seinem Tode Ende 1953 mag er traurig gesagt haben: Die amerikanische Justiz ist von 1776 bis 1953 nie meiner richtigen "Konzeption" gefolgt. Hingegen verfiel sie stets auf "Fehlkonzeptionen" und fand in den vergangenen 178 Jahren niemals die "right answer".

Diese Aussage ist nach Dworkins Rechtstheorie die einzige, die Herkules machen soll und darf. Die Folge ist aber, daß es in der ganzen Geschichte keine richtige "Konzeption" gegeben hat.

In der Tat hat Dworkin das Recht, nach seiner Moraltheorie bestimmte "Konzeptionen" in der Geschichte für richtig oder falsch zu halten. Aber jeder Interpret ist nach der von Dworkin vertretenen Wahrheitsanschauung gleichermaßen berechtigt, nach seiner Moraltheorie bestimmte oder überhaupt keine "Konzeptionen" aus der Geschichte für richtig oder falsch zu halten. Wenn die Rassendiskriminierung nach der Moralanschauung des Interpreten angesichts der sozialen Verhältnisse in den vergangenen 200 Jahren moralisch verwerflich ist, dann kann er es nur ablehnen, jede die Schwarzen benachteiligende "Konzeption" in der Geschichte als den echten Willen der amerikanischen Verfassung anzuerkennen.

Dworkin würde sich hier mit dem Argument verteidigen, daß die Beantwortung der Frage, ob es in der Geschichte von Anfang an im Hinblick auf die Rassenfrage - trotz mancher zufälligen "Fehlkonzeptionen" wie z.B. der Rückführung der geflohenen Sklaven - auch richtige Verfassungs-"Konzeptionen" gab und demzufolge die Verfassungsbestimmung für die Rassengleichheit nicht vor der Mitte des 20. Jahrhunderts durchgeführt wurde, letzten Endes eine Sache des

Moralurteils jedes einzelnen Interpreten sei. Er selbst würde diese Frage sodann bejahen.
Aber wenn Dworkin dies wirklich so meint, dann müßte er statt der Fehlurteile doch eher die aufgrund von richtigen "Konzeptionen" gefällten Urteile des Obersten Gerichtshofs *in der Rassenfrage* aus der Zeit vor dem Jahre 1954, und zwar am besten aus einer möglichst frühen Periode der amerikanischen Rechtsinstitution, nennen. Ich kann jedoch in Dworkins Werken kein einziges solches Beispiel finden.

5.3.5.3 Nur geschriebene, nicht praktizierte Tradition

Muß Dworkin wirklich befürchten, daß die *erste Durchführung* der Verfassung in der Rassenfrage im Jahre 1954 als *Rechtsschöpfung* verstanden werden muß? Ich meine, daß sich Dworkin übermäßige Sorgen macht.
Dank des in der amerikanischen Verfassung niedergeschriebenen Bekenntnisses zum Schutz der Grundrechte aller Menschen, dessen Wortlaut immer unverändert blieb, darf Dworkin meiner Meinung nach aufgrund der Lehre von den "Konzeptionen eines Begriffs" von einer Kontinuität der amerikanischen Verfassung, wenn auch nicht von einer Kontinuität der verfassungsrechtlichen *Praxis*, sprechen. Dieser Sachverhalt läßt sich mit den bekannten Schlagworten "the law in books" und "the law in action" von dem renommierten amerikanischen Rechtstheoretiker Roscore Pound so formulieren: Weil die Verwirklichung der Gleichberechtigung der Schwarzen anhand der "Konzeption" der Kernbedeutung der Verfassungsbegriffe seit Gründung der Vereinigten Staaten immer möglich war, darf niemand sagen, daß die Gleichberechtigung der Schwarzen als "the law in books" erst im Jahre 1954 aus dem Nichts *geschaffen* wurde. Man muß sagen: Die Rechtstradition war in Bezug auf die Gleichberechtigung der Schwarzen als "the law in books", genauso wie Dworkin es sich wünscht, von Anfang an ununterbrochen; weil aber die früheren "Fehlkonzeptionen" nicht als Durchführung der Verfassung gelten dürfen, existierte diese gute Tradition fast 180 Jahre lang nur *auf dem Papier* und wurde nicht *in der Praxis* verwirklicht. Erst im Jahre 1954 wurde das Recht für die Gleichberechtigung der Schwarzen "the law in action".

5.3.6 Die Basis der kritischen Würdigung

Dworkin stellt seine Thesen immer mit großer Zuversicht auf und er scheint niemals an die Möglichkeit zu denken, daß die anderen ihn zu wesentlichen Differenzierungen seiner Theorie zwingen könnten. So hat er sich auch nie die Frage gestellt, wie sich die Anwendung der Unterscheidung "law in books" und "law in action" auf seine Theorie auswirken würde. Deshalb ist es in der Tat schwer zu sagen, ob Dworkin das obige Ergebnis akzeptieren würde oder nicht.
Wichtig für uns ist hier jedenfalls nur, daß die Technik und die Probleme seiner interpretativen Konzeption klar geworden sind und dadurch die Grundlage für die kritische Würdigung seiner Rechtsphilosophie geliefert wurde.
Dworkin, dessen Theorie auf den Schutz der Bürgerrechte abzielt, legt großen Nachdruck auf die Präexistenz der Rechte im existierenden Rechtssystem und das daraus folgende Rückwirkungsverbot, als ob diese die wesentlichsten Bedingungen zur Verwirklichung seines Ideals wären. Dementsprechend konzentriert Dworkin alle seine Kräfte auf die Technik der Interpretation, durch die das amerikanische Recht als gerecht, lückenlos und unverändert dargestellt werden könnte. Im Hinblick auf die Interpretation der Präzedenzfälle bedient er sich der Analogie, und für die Auslegung des geschriebenen Rechts entwickelt er die Lehre von den "Konzeptionen eines Begriffs".
Auf diese Weise vernachlässigt Dworkin, wie im folgenden Kapitel erörtert wird, die anderen wichtigen Elemente für den Schutz der Bürgerrechte.
Nachdem ich Dworkins interpretative Konzeption in dieser Arbeit umfassend untersucht habe, möchte ich im Rückblick auf die früher in dieser Arbeit angeführten Beispiele eine kritische Würdigung in zwei Hinsichten unternehmen, nämlich zum einen in Hinsicht auf die Zweckmäßigkeit seiner Theorie für die Verbesserung des Schutzes der Bürgerrechte und zum anderen in Hinsicht auf seinen Konservatismus.

6 Kritische Würdigung unter zwei Aspekten

6.1 Zur Zweckmäßigkeit von Dworkins Rechtskonzeption

Fragen wir, was die Unterscheidung zwischen Begriffen und ihren Konzeptionen für Fälle wie den der Rassendiskriminierung ergibt! Es zeigt sich, daß der *Begriff* der Gleichheit bzw. Gleichberechtigung aller Menschen eine Konzeption zuließ, die wir als diskriminierend bezeichnen müssen, also eine *Fehlkonzeption.* Demnach ist offenbar die Präexistenz der Gleichberechtigung, weil falschen Auslegungen zugänglich, keine Garantie für eine wirkliche Gleichbehandlung der Bürger.

Meiner Meinung nach hat Dworkins Auslegungslehre von den "Konzeptionen eines Begriffs" nur darauf hingewiesen, daß die Amerikaner in ihrer Geschichte eine gute Chance hatten, die jedoch vertan wurde, nämlich die Chance, daß die aufgrund der geschriebenen Verfassung existierenden Rechte für die Schwarzen jederzeit hätten verwirklicht werden können. Wenn z.B. vor 200 Jahren schon ein Richter des Obersten Gerichtshofs erschienen wäre, der unsere heutige Gerechtigkeitsvorstellung vertreten hätte, dann hätten die Schwarzen nicht bis zum Jahre 1954 warten müssen.

Aber warum erschien zu keiner früheren Zeit ein solcher Richter?

6.1.1 Was ist die Ursache für die verbesserte Einsicht in den Rechtsbegriff?

Was die Richter hätten tun können, taten sie damals in Wirklichkeit nicht. Vielmehr sehen wir, daß die Richter in ihren Urteilen die Ideologien ihrer Zeit mehrfach bestätigten und die Interessen der vorherrschenden Klasse treu hüteten. Warum wußten die Richter nicht, daß das amerikanische Recht als solches ihnen von Anfang an schon erlaubt und geboten hatte, auch der schwarzen Bevölkerung alle Rechte, die den Weißen gebührten, zu gewähren? Warum konnten sie die von der wahren Rechtstradition angebotene Möglichkeit nicht einsehen? Die Richter hatten stets die erhabenen Worte "Gleichheit" und "Freiheit" vor Augen, die sie 180 Jahre lang *nur* schlecht verstanden. War dies alles wirklich nur Zufall?

Hier zeigt sich, daß das Vorhandensein ausgereifter Wertvorstellungen im Hinblick auf den Schutz der Bürgerrechte eine entscheidende Rolle spielt.
Aber wenn Dworkin auf seinem "participants' point of view" beharrt und keine historisch-soziologischen Faktoren in Betracht ziehen will, dann fällt es seiner Lehre sehr schwer, zu erklären, woher die Richter eines Tages die richtige Einsicht in die "Kernbedeutung" eines Begriffs bekamen.
Erst nachdem der Zeitgeist sich verändert hatte, schlossen sich die Urteile der amerikanischen Richter der neuen Gerechtigkeitsvorstellung an. Insofern kamen die Beweggründe, die die amerikanischen Richter später die richtigen Wertvorstellungen zur "Konzeption" des Verfassungsbegriffs finden ließen, *von außen*.
In jeder Gesellschaft hatten die Menschen in manchen Angelegenheiten zuerst lange Jahre hindurch ihren blinden Punkt, bis sich ein historischer Prozeß vollzog und die neue Gerechtigkeitsvorstellung die meisten Menschen in allen Bereichen einschließlich der Richter beeinflußte. Aber der Wandel der Wertvorstellungen fordert Opfer, die kämpfen, leiden und sterben müssen. Keine dominierende und von einem Überlegenheitsgefühl erfüllte Klasse würde von sich aus eine neue Deutungsmöglichkeit eines Rechtsbegriffs durchsetzen, die ihren Interessen nur schadet. Nicht erhabene Worte, sondern erst die durch die Taten der Unterdrückten geschaffenen neuen sozialen Verhältnisse brachten die amerikanischen Richter voran.
Raz' Kritik trifft zu: "... law is a social institution and should not be looked at from the point of view of judges alone"[1]. Dworkin, der die Bürger schützen will, erwähnt jedoch nie, daß die verbesserte Einsicht in "the core meaning of a concept" in Wahrheit durch viel Leiden veranlaßt wurde. Deshalb erscheint mir fraglich, ob Dworkin, dessen Rechtsphilosophie doch ein starkes Interesse an der Praxis hat, die Ursachen für den Fortschritt des Rechtsschutzes unter Ausblendung der historisch-soziologischen Faktoren vollständig erklären kann.

6.1.2 Rechtssicherheit nur in der *Theorie*

Angesichts der Frage der Zweckmäßigkeit von Dworkins Rechtstheorie sollten wir zudem auf das Ergebnis des vierten Kapitels zurückblicken. Ich habe nichts gegen Dworkins Wahrheitsanschauung einzuwenden und akzeptiere also, daß

1 Joseph Raz, Professor Dworkin's Theory of Rights, in: Political Studies, Vol. 26 (1988), S. 125-137; S. 137.

es für jeden "hard case" immer eine richtige Antwort gibt, die den echten Willen der Rechtstradition repräsentiert. Auf diese Weise hat Dworkins Rechtstheorie eine *theoretische* Lösung für die Frage der Rechtssicherheit angeboten.
Hilft das aber in der Praxis? Wie wir bereits wissen, läßt Dworkins Theorie Meinungsverschiedenheiten zu. Angenommen, alle amerikanischen Richter wollten sich an die Rechtstradition der Vereinigten Staaten halten und in ihren Urteilen nur den Willen des bestehenden Rechts fortsetzen: trotzdem muß der Teilnehmer am Prozeß mit verschiedenen möglichen Entscheidungen des Gerichts rechnen, denn verschiedene Richter werden den echten Willen des bisherigen amerikanischen Rechts unterschiedlich verstehen. Deswegen bleibt der Teilnehmer am Prozeß in der Praxis im Ungewissen über seine bestehenden Rechte. Die Right-answer-These verfehlt insoweit ihren Zweck.

6.2 Konservatismus

Jetzt komme ich zum zweiten Punkt meiner kritischen Würdigung. Wenn man wegen Dworkins Festhalten an der Tradition seine Rechtstheorie als konservativ ansieht, muß dieser Vorwurf Dworkin völlig unbegründet erscheinen. Dworkin würde erwidern, daß der Kritiker seine interpretative Konzeption überhaupt nicht verstehe. Dworkins Idee "Law works itself pure" oder "law beyond law" zeugt gerade von seiner großen Bemühung darum, seiner Rechtstheorie die Fähigkeit zur Reform zu geben. Dworkin sagt: "... all interpretation strives to make an object the best it can be ..."[2]. Dworkin hat diese Idee immer wieder betont.
Trotzdem werfen viele Rechtswissenschaftler Dworkins Rechtstheorie einstimmig vor, sie sei konservativ[3]. Warum?

6.2.1 Wünschenswerte Kursänderungen in der Justiz

Wir kehren hier zu Dworkins Theorie über die Praxis des Fallrechtssystems zurück. Im Hinblick auf sexuelle Angelegenheiten bekannte sich die amerikani-

2 LE, S. 53.
3 Vgl. Bittner, RaiP, S. 188 f.

sche Justiz im Jahre 1965 durch die Erlaubnis von Verhütungsmitteln für Ehepaare zum ersten Mal zu einer liberalistischen Weltanschauung. Wie im dritten Kapitel dargestellt, benutzt Dworkin dieses Urteil als Präzedenzfall für die Behandlung anderer sexueller Angelegenheiten.
Doch ist das Jahr 1965 nicht das Anfangsjahr der amerikanischen Rechtstradition. Es ist nicht einzusehen, wie Dworkin im Jahre 1965 an der Stelle des Richters nach seiner eigenen Rechtskonzeption, die die richterliche Treue zur bisher von seiner Rechtsinstitution praktizierten Moralität bekräftigt und nachdrücklich betont, zu diesem umwälzenden Urteil gelangen könnte.
In Wahrheit gab der Richter im Jahre 1965 die von ihm als veraltet angesehene Moralität in der Rechtstradition auf. Umana sagt: "... a court may on occasion ... abandon a substantial portion or even the vast majority of decisions and practices in a given area of the law"[4]. Zippelius spricht auch von der "*Wohltat des Vergessens*" in der Justiz[5]. "Dieses Vergessenwerden von Vorentscheidungen und ('obsolet' werdenden) Normen hat aufs große Ganze gesehen eine rechtsbereinigende Funktion"[6].
Während Dworkin die richterliche Rechtsschöpfung generell verteufelt und ein absolutes Rückwirkungsverbot verhängt, halten viele andere Juristen die Idee eines absoluten Verbots der richterlichen Rechtsfortbildung gerade für einen fundamentalen Irrtum. Die Institution der Vereinigten Staaten als solche scheint die Reformbedürftigkeit zu kennen. Blumenwitz sagt: "Die oberen und obersten Gerichte in den Vereinigten Staaten sind nicht an ihre Vorentscheidungen gebunden, können also ihre Rechtsprechung ändern. ... Dies hat es dem *Supreme Court* ermöglicht, namentlich die Verfassung dem neuen Zeitgeist anzupassen und sogar eine Triebkraft des Fortschritts zu werden"[7]. Der englische Rechtswissenschaftler Harris erzählt: "When I was on holiday in Greece in the summer of 1966, I was confronted one morning with a report in *The Times* that the judges in the House of Lords had issued a new practice direction. They would no longer consider themselves absolutely bound by their own decisions. ... In my undergraduate days, it had been a commonplace that the rule which required the

---

4 John Umana, Dworkin's "Rights Thesis", in: Michigan Law Review, Vol. 74 (1976), S. 1167-1199; S. 1188.

5 Reinhold Zippelius, Juristische Methodenlehre, München: C. H. Beck [5]1992, S. 107.

6 Ebd., S. 107.

7 Dietrich Blumenwitz, Einführung in das anglo-amerikanische Recht, München: C. H. Beck [4]1990, S. 28.

House never to overrule a previous decision of its own was a bad rule .... Everyone agreed that the rule should be changed"[8].

6.2.2 Eine Rechtstheorie für den status quo

Hingegen beharrt Dworkin auf der gegenteiligen Ansicht: "[A judge] *must* interpret what has gone before because he has a responsibility to advance the enterprise in hand rather than strike out in some new direction of his own"[9]. Deshalb kritisiert Raz Dworkins Konzeption:

"Professor Dworkin's theory of adjudication is the most extreme case of total faith in analogical arguments. ... he propounded a view according to which judges are obliged to solve all legal cases on the basis of a total analogy - to all the existing statutory and common law rules. Such a total analogy is necessary to yield the best theory of political morality which best justifies all existing statutory and common law rules and which entails a legally binding correct solution to all hard cases. Professor Dworkin has thus opted for the most conservative interpretation of the judicial role: Judges are neither legally nor morally entitled to assume a reforming role. They must rely only on analogical arguments which perpetuate and extend the existing legal ideology"[10].

Bittner stellt die Meinung derer dar, die mit Raz übereinstimmt, daß "Dworkin Hercules in einer Art juristischer Spiegelhalle gefangenhalte, indem er neue Regeln aus den die alten Regeln rechtfertigenden Prinzipien gewinnen müsse, so daß nicht ersichtlich sei, wie Hercules das Recht weiterentwickeln könne"[11].
Wir dürfen nicht vergessen, daß eine "Weiterentwicklung" im Sinne von Raz nach Dworkin gerade unerlaubt und unnötig ist, denn alle Rechte lassen sich nach Dworkin ohne richterliche Rechtsschöpfung aus dem vorhandenen amerikanischen Recht herausarbeiten. Die von Dworkin mit Stolz verfochtene Verbesserung des Rechtsschutzes kann sich - selbst in der Theorie - nur vollziehen,

---

8 J. W. Harris, Legal Philosophies, London: Butterworths 1980, S. 156.
9 MP, S. 159.
10 Joseph Raz, The Autority of Law - Essays on Law and Morality, Oxford: Clarendon Press 1979, S. 205 f.
11 Bittner, RaiP, S. 188.

sofern ein Analogieschluß noch stattfinden kann. Aus Dworkins interpretativer Konzeption zieht Bittner den richtigen Schluß: Dworkins Denken ist "grundsätzlich systembewahrend ..., da die Institution nur von innen heraus interpretativ entwickelt, nicht aber revolutionär gesprengt werden soll"[12]. Deshalb sagen Hutchinson und Wakefield: "Since the soundest theory of law is that which best justifies all the settled rules, it is clear that this theory of law can do little more than reflect and perpetuate the general ideology behind such extant rules. ... It has been suggested that this in-built conservative tendency is a limitation to Dworkin's theory in that it depicts the judicial process as being incapable of accommodating wholesale change and ensures a preservation of the general status quo"[13].

Dworkins Rechtstheorie spiegelt die Zufriedenheit, den Stolz und die Zuversicht eines amerikanischen Rechtsdenkers wider. In gemäßigtem Ton äußern Brilmayer und Nickel ihren tiefen Zweifel: "[Dworkin's theory] seems to involve a sort of Panglossian optimism that the moral principles enshrined in law, if only identified correctly, will yield just the results that a contemporary American liberal would want, rather than results that reflect the conservatisms of the past or the persistent class bias of those who created the law. ... It is far from clear that a careful systematization of all the institutional materials - without the introduction of current moral perspectives - will yield such pleasing results"[14].

6.2.3 *Teil*integrität?

Gerade angesichts der oben dargestellten berechtigten Kritik scheint Dworkin bereit zu sein, einen Kompromiß zu machen. Er schreibt: "History matters in law as integrity: very much but only in a certain way. Integrity does not require consistency in principle over all historical stages of a community's law; it does not require that judges try to understand the law they enforce as continuous in principle with the abandoned law of a previous century or even a previous genera-

[12] Ebd., S. 189.

[13] Allan C. Hutchinson und John N. Wakefield, A Hard Look at "Hard Cases": The Nightmare of a Noble Dreamer, in: Oxford Journal of Legal Studies, Vol. 2 (1982), S. 86-110; S. 108. - Umana versteht Dworkins Rechtstheorie auch als eine Theorie für den status quo (vgl. Anm. 76 des 4. Kapitels).

[14] R. Lea Brilmayer und James W. Nickel, Book Review for "Taking Rights Seriously", in: Columbia Law Review, Vol. 77 (1977), S. 818-826; S. 825.

tion. It commands a horizontal rather than vertical consistency of principle across the range of the legal standards the community now enforces"[15].
Diese Aussage meint, daß Dworkin nun die Geschichte in etliche "Abschnitte" bzw. Epochen einteilen will. Ein bahnbrechendes, richtiges Urteil markiere den Anfang unserer Epoche bzw. der für die heutigen Richter noch zu beachtenden Tradition.
Die Schwäche dieser Verteidigung liegt darin, daß Dworkin gerade durch sie in einen fatalen Widerspruch zu seiner ganzen Theorie gerät. Seine Verteidigung bedeutet, daß die Präzedenzfälle einer bestimmten früheren Epoche heute unsere Befolgung nicht mehr verdienen. Diese These räumt ein, daß es in der Geschichte der Justiz gründliche Reformen oder Umwälzungen gegeben hat.
Wenn die radikale Reform *einmal möglich* ist bzw. von Dworkins Theorie prinzipiell erlaubt wird, warum soll es dann nicht *jederzeit* erlaubt sein, daß irgendein Richter in irgendeinem Prozeß Reformen startet? Kein Teilnehmer weiß, ob nicht gerade heute in seinem Prozeß eine Reform stattfinden wird. Wie aber könnte Dworkin in diesem Fall noch sagen, daß die Bürger im Gerichtssaal *immer* die ihnen gebührenden präexistierenden Rechte erwarten können?
Wenn wir Dworkins Verteidigung nochmals betrachten, dann ist deutlich, daß sie das Wesen seiner Rechtskonzeption gerade zerstört. Es ist für Dworkins Konzeption "law as integrity" gerade das größte Tabu, zu behaupten, daß die Kontinuität nicht ununterbrochen sei, und bestimmte Rechte erst ab einem bestimmten Zeitpunkt von einem bestimmten Richter mit seinem reformierenden Urteil *ex post facto* geschaffen würden. Diese Situation bedeutet, daß nicht alle Rechte immer präexistieren, sondern manchmal erst zu einem bestimmten Zeitpunkt aus einer rechtsschöpfenden Tätigkeit des Richters entstehen können. Solange Dworkin von der Konzeption "law as integrity" ausgeht, muß er mit aller Entschlossenheit die ununterbrochene Kontinuität der amerikanischen Rechtspraxis verteidigen.
Diese Verteidigung ist also geradezu eine Selbstzerstörung von Dworkins Theorie, und wir sehen nochmals einen Widerspruch in seinem Denken - es sei denn, er meinte, daß das Recht in den Vereinigten Staaten *erst jetzt* oder *ab einen bestimmten Zeitpunkt perfekt* und von heute oder jenem Zeitpunkt an keine Reform mehr erlaubt sei. Das wäre dann eine beeindruckende Zuversicht.

---

[15] LE, S. 227.

6.2.4 Ursache der Zuversicht

Die Präexistenz aller Rechte meint nichts anderes, als daß die Vereinigten Staaten, im Unterschied zu Deutschland oder anderen Nationen, von Anfang an in allen Lebensbereichen immer für die richtigen Werte plädierten, die auch nach den heutigen Wertvorstellungen nicht falsch seien und die also keiner Änderung bedürften.

Die Tatsache, daß das politische System der Vereinigten Staaten seit über 200 Jahren fortdauernd besteht, könnte Dworkin als einen Amerikaner leicht zu dieser Behauptung verleiten. Es ist unwahrscheinlich, daß eine solche Theorie auf deutschem Boden wachsen könnte. Die moderne deutsche Geschichte erfuhr viele Wenden und hat viele Abschnitte bzw. Epochen durchlaufen. Zuerst gab es das Kaiserreich. Dann folgten die Weimarer Republik, das Dritte Reich, für manche das SED-Regime und schließlich die demokratische Bundesrepublik. Deshalb könnte man als Deutscher zugeben und begreifen, daß es in manchen Epochen in Bezug auf manche Angelegenheiten nur Fehlinstitutionen gab und ihre Rechtspraxis uns heute *nichts* lehren kann. Unter diesen Umständen kann die Theorie von der Präexistenz aller Rechte nicht überzeugen. Hingegen haben die Vereinigten Staaten seit ihrer Gründung keine Wende im obigen Sinne erlebt, und ihre Geschichte hat sich stets in großer Kontinuität dargestellt, obwohl sich auch die Vereinigten Staaten nicht unbedingt den gleichen Fehlern entziehen konnten. Nicht nur der Vietnam-Krieg, sondern auch die Sklaverei, die gewaltsame Vertreibung der Ureinwohner, die Teilnahme an der imperialistischen Invasion in Asien und die Unterstützung von Militärdiktaturen in vielen Nationen der dritten Welt gehen auf das Konto der Vereinigten Staaten.

Die Vereinigten Staaten wurden vor der französischen Revolution auf dem Boden des "neuen Kontinents" gegründet und verankerten bei ihrer Gründung schon die aus dem 17. und 18. Jahrhundert stammenden Gedanken der Menschenrechte in ihrem Rechtssystem, die heute in der ganzen Welt immer noch enthusiastisch angestrebt werden. Dworkin scheint berechtigt zu sein, sein Land als einen Propheten anzusehen, der die Moralität für die ganze moderne Welt verkündet hat. Dieser historische Hintergrund könnte Dworkin leicht zu der Idee führen, daß alle Rechte seit der Gründung seiner Nation existieren.

In Wahrheit haben die Vereinigten Staaten wie die anderen Nationen auch in der Geschichte durch die bitteren Erfahrungen in verschiedenen Epochen und Lebensbereichen Schritt für Schritt gelernt.

6.2.5 "Der vornehmste Träumer"

Dworkins Gegner sehen in der Vergangenheit der amerikanischen Justiz eine Geschichte, die von Inkonsistenz, Widersprüchen, Fehlern und Korrekturen erfüllt ist. Die Geschichte der amerikanischen Justiz spiegele nichts anderes als die Vorurteile der Klassen, die das Recht setzten und anwandten, und den Verlauf ihres Interessenkampfes wider. Deshalb sagen Davies und Holdcroft: "Legal systems result from a patchwork of historical assertions of contentious and changing political principles, political compromises and mere political muddles"[16].
Hingegen beharrt Dworkin auf der Unveränderlichkeit des amerikanischen Rechts. Obwohl viele Rechtswissenschaftler diese Meinung für unplausibel halten, zeigt Dworkin niemals Kompromißbereitschaft, sondern, wie wir gerade gesehen haben, "concentrates formidable powers of argument on the defence of his theory"[17].
Aus dem obigen Grund bezeichnet Hart bei der Erörterung der Noble-Dream-Position Dworkin als "den vornehmsten Träumer".

"Professor Ronald Dworkin's contemporary version of the Noble Dream does not make any ... compromise ..., and he is, if he and Shakespeare will allow me to say so, the noblest dreamer of them all ..."[18].

---

[16] Davies und Holdcroft, Jurisprudence, London: Butterworths 1991, S. 90.

[17] Herbert L. A. Hart, American Jurisprudence through English Eyes: The Nightmare and the Noble Dream, in: Georgia Law Review, Vol. 11 (1977), S. 969-989; S. 982.

[18] Ebd. S. 982. - Wegen Dworkins Beharrlichkeit meint Hart: "[The Noble-Dream-Position] represents the belief, perhaps the faith, that, in spite of superficial appearances to the contrary and in spite even of whole periods of judicial aberrations and mistakes, still an explanation and a justification can be provided for the common expectation of litigants that judges should apply to their cases existing law and not make new law for them even when the text of particular constitutional provisions, statutes, or available precedents appears to offer no determinate guide" (S. 978).

6.3 Bemerkung zur Frage des generellen Verbots der richterlichen Rechtsschöpfung

6.3.1 Gelegentliche Rechtsschöpfung oder absolutes Rückwirkungsverbot?

Hart macht eine bemerkenswerte Beobachtung: Wenn ein Richter denkt, daß alles, was Recht ist, auch gerecht ist, dann wird er weniger wachsam gegenüber der Frage, ob man ungerechten Gesetzen gehorchen soll, als diejenigen Richter, die jederzeit das Vorhandensein ungerechter Gesetze für möglich halten[19].

Meiner Ansicht nach läuft Dworkins Rechtstheorie in gewissem Sinne Gefahr, alles, was amerikanisches Recht ist, für gerecht zu halten. Er gibt zwar zu, daß es zufällige Entgleisungen bzw. "Fehler" in der Vergangenheit gab. Außerdem sagt er, daß der Richter das jeweils vorhandene "unbestimmte Rechtsmaterial" nach moralischen Prinzipien deuten und so verbessern soll. Aber er denkt nicht daran, daß es manchmal für einen amerikanischen Richter notwendig sein könnte, einen "wholesale change" in irgendeinem Bereich des amerikanischen Rechts zu unternehmen, weil eine solche Umwälzung sein Rückwirkungsverbot verletzen würde.

Theoretisch hat Dworkins Theorie einen Vorzug. Wenn das Recht sowohl gerecht als auch lückenlos wäre, dann bräuchte der Richter immer nur dem existierenden Recht zu folgen, und schon wäre die Rechtssicherheit gewährleistet. Dagegen werde ich, wenn ich Dworkins These anfechte, mit einem immer wiederkehrenden Problem der Rechtswissenschaft konfrontiert: Soll der Richter um der Rechtssicherheit willen immer die Gesetze befolgen, auch wenn er sie ungerecht findet? Wenn der Richter das Recht brechen darf, wozu braucht man dann überhaupt noch die Tradition oder die Gesetze, und wie läßt sich dann die Rechtssicherheit garantieren und die rückwirkende Rechtsanwendung rechtfertigen?

---

[19] Hier wird das Wort "Recht" in einem wertfreien Sinn gebraucht. - Harts Aussage lautet: "[The] sense, that there is something outside the official system, by reference to which in the last resort the individual must solve his problems of obedience, is surely more likely to be kept alive among those who are accustomed to think that rules of law may be iniquitous, than among those who think that nothing iniquitous can anywhere have the status of law" (The Concept of Law, Oxford: Oxford University Press [2]1972, S. 206).

Anders als Dworkin suche ich nicht wegen eines moralisch attraktiven, wünschenswerten Zieles Zuflucht in einem "noble dream", um einem schwierigen Problem auszuweichen. Diese Haltung ist für mich keine echte Alternative. Selbstverständlich soll die Rechtssicherheit insbesondere in einem im großen und ganzen gerechten Rechtssystem hoch eingeschätzt werden. Deshalb soll der Richter m.E. in den Fällen von geringfügiger Bedeutung in seiner Amtstätigkeit als Richter die Rechtssicherheit gegenüber der Gerechtigkeit bevorzugen. Dann kann der Richter später als Privatperson die ungerechten Gesetze anfechten und hoffen, daß die Abgeordneten oder, im anglo-amerikanischen Rechtssystem, die Richter der hochrangigen Gerichte sie möglichst schnell abschaffen oder aufheben.

Aber wenn bei einem Gesetz, wie Radbruch sagt, dessen "Widerspruch zur Gerechtigkeit" "ein unerträgliches Maß" erreicht und die Anwendung des bestehenden Rechts eine große Ungerechtigkeit hervorbringen muß, dann soll der Richter den Gesetzesgehorsam verweigern[20].

Ist eine Justiz von dieser Art unkontrollierbar und also gefährlich?

6.3.2 Das günstige Umfeld für die Verwirklichung der Gerechtigkeit

Die Verwirklichung der Gerechtigkeit in der Justiz hängt meiner Meinung nach von einem günstigen *Umfeld* ab. Häufig konnten Völker der grausamen Unterdrückung durch einen gnadenlosen Herrscher nicht entgehen, obwohl ihr Land eine Verfassung hatte, deren Formulierung nicht weniger erhaben war als die demokratischer Länder. Es ist eine Illusion, daß in einem Unrechtsregime die Justiz allein die Gerechtigkeit weiter verwirklichen kann. Die *guten* Richter verschwinden dort sehr rasch im Kerker. Es ist andererseits auch falsch, daß die sogenannte *unabhängige* Justiz in einem gerechten demokratischen Staat unkontrolliert sei und etwa - theoretisch - auch ungerechte Urteile immer wiederholen könne[21]. Die Verwirklichung der Gerechtigkeit in der Justiz ist auf einen

---

[20] Gustav Radbruch, Gesetzliches Recht und übergesetzliches Recht, in: Rechtsphilosophie (hrsg. von Erik Wolf und Hans-Peter Schneider), Stuttgart: K. F. Koehler ^{8}1973, S. 345.

[21] Man mag sich an die vielbeachtete Mannheimer Urteilsbegründung, die voller Lob für den NPD-Chef Günter Deckert war, aus der jüngsten Vergangenheit (09. August 1994) erinnern. Die ganze Gesellschaft einschließlich der Regierung und des Richterstandes bzw. Richerbundes hat empört darauf reagiert und durch diesen Druck die Justiz zu einer neuen Argu-

wechselseitigen Einfluß zwischen komplexen Faktoren in der ganzen Gesellschaft angewiesen.
Um die Rechte zu schützen, sollen wir m.E. zuerst daran denken, wie eine im großen und ganzen gerechte Gesellschaft geschaffen und aufrechterhalten werden kann.

6.3.3 Die Grenze der Rechtssicherheit

Wenn der Wert der Rechtssicherheit m.E. eine im großen und ganzen gerechte Rechtsinstitution voraussetzt, ist es wenig sinnvoll, in einer Fehlinstitution noch von der Gesetzestreue als einer heiligen richterlichen Pflicht zu sprechen. Während Professor Uwe Wesel der Regierung der Bundesrepublik Deutschland wegen des rein politischen Charakters des Honecker-Prozesses Vorwürfe machte, der sich über damals geltendes Recht hinwegsetze, sagte mir Professor Peter Krause von der Universität Trier einmal, daß der Grundsatz "nulla poena sine lege" nur für einen gerechten Staat gelten solle.
In diesem Jahrhundert wurde die deutsche Justiz nicht nur einmal wegen ungerechter Rechtsinstitutionen vor schwierige Aufgaben gestellt. Viele Menschen haben mithilfe der Gesetze des Naziregimes das Eigentum, die Würde, und das Leben anderer angetastet, d.h. das Glück vieler Familien zerstört. Man fragte sich, wie die Bestrafung der Täter, die unter der Naziherrschaft *völlig gesetzmäßig* handelten, und die Wiedergutmachung für die Opfer oder die betroffenen Familienangehörigen rechtlich begründet werden könnten. Die Juristen haben hierfür theoretisch umstrittene naturrechtliche Konzeptionen ersonnen und den Nazi-Gesetzen den Charakter von Gesetzen abgesprochen, nur um der Peinlichkeit einer rückwirkenden Rechtsanwendung zu entgehen.
Ich halte diese Strategie für praktisch wenig sinnvoll. Die ehrlichste und also beste Methode ist, daß die Abgeordneten neue Gesetze sowohl für die Verfolgung der Verbrecher als auch für die Entschädigung der Opfer erlassen, die sich von Anfang an zur Aufarbeitung der von der Vergangenheit hinterlassenen Probleme bekennen. Und in Fällen, in denen die Täter und die Opfer z.B. bald sterben werden und, wie der geläufige Spruch lautet, die verspätete Gerechtigkeit keine Gerechtigkeit ist, sollte die Rechtssicherheit der Gerechtigkeit in noch

mentation bewegt. Ein Jahr später fällte das Gericht ein anderes Urteil. Nun muß Herr Deckert für zwei Jahre in Haft.

stärkerem Maße weichen: hier muß an die Stelle neuer, gerechterer Gesetze der direkte Bezug auf überpositive Gerechtigkeitsvorstellungen treten.
Ich will nicht mit Professor Wesel darüber streiten, ob der Honecker-Prozeß ein politischer Prozeß gewesen ist, obgleich die Richter der Bundesrepublik sich um eine Argumentation aufgrund des bisherigen Rechtsmaterials bemühen wollten. Aber Professor Wesel darf Prozesse dieser Art aufgrund des Grundsatzes "nulla poena sine lege" nur anfechten, wenn er die Moralität der SED-Regierung oder des Staates DDR bejaht. Das ist eine andere Frage, die Professor Wesel zuerst beantworten muß.
Was ist meine Antwort auf das immer wiederkehrende Problem der Rechtswissenschaft? Ich denke, wenn der Richter in extremen historischen Fällen die Aufarbeitung der von der vergangenen Fehltradition hinterlassenen Probleme nur durch rückwirkende Rechtsanwendung bewerkstelligen oder das höchstrangige Gericht in einem Fallrechtssystem angesichts der radikalen Veränderung der sozialen Verhältnisse nur durch die Einführung neuer Maßstäbe mit der neuen Situation zurechtkommen kann, dann kann die Angemessenheit der Urteile zwar nur von ihrer eigenen Sorgfalt beim Nachdenken über die Moral und von dem Vorhandensein einer gerechten Gesellschaft kontrolliert werden. Demgegenüber erscheint mir aber ein generelles, absolutes Verbot richterlicher Rechtsschöpfung in allen Rechtsfällen für die Bürger nicht sicherer zu sein.
Die Bedeutung der Rechtssicherheit zur Bewahrung der Gerechtigkeit darf sicherlich nicht unterschätzt werden, doch wird man ihrem Charakter ebensowenig gerecht, wenn man sie als Wunderwaffe betrachtet, die *allein* alle Mißstände zu beseitigen und die Gerechtigkeit zu bewahren vermag. Wenn Dworkin selbst betont hat, daß eine interpretative Rechtskonzeption nur auf ein gerechtes Rechtssystem angewandt werden kann, dann hat er mit Sicherheit bereits gewußt, daß die Rechtssicherheit in der Justiz trotz ihrer Wichtigkeit kein Selbstzweck, sondern immer noch ein Mittel zur Verwirklichung der Gerechtigkeit ist. Was Dworkin dagegen nicht berücksichtigt hat, ist, daß sich auch das Rechtssystem seines angesehenen Vaterlandes in manchen Angelegenheiten als Fehltradition erwiesen hat. Seine optimistische Einstellung kann fast nur von einem Glauben an die *Unfehlbarkeit* der amerikanischen Rechtsinstitution herrühren.

6.4 Schlußwort

Ich wundere mich darüber, wie oft jedes schwierige Problem der Philosophie immer wieder aufs Neue als ungelöste Frage auftauchen kann, und wie einfach eine attraktive alte Lösung, die wegen heftiger Kritik in der Vergangenheit scheinbar aufgegeben worden ist, später in anderem Kleid die Menschen wieder faszinieren kann. Es bleibt in der Tat ein unsterblicher Traum für viele Juristen in welchem Land auch immer, daß die Kette der Begründungen jedes Gerichtsurteils ihr Ende immer im existierenden Recht finden kann. Im letzten Jahrhundert glaubte man gerne an die Lückenlosigkeit der Gesetze und heute sind viele ebenso von der Entdeckung der "Rechtsprinzipien" begeistert, deren Dasein die Hoffnung auf die Verwirklichung dieses alten Traumes wiederbelebt.
Um das immer wiederkehrende Problem in der Rechtsphilosophie zu lösen, schildert uns Dworkin das angeblich perfekte, alle Rechte enthaltende "hochkomplizierte", "blühende" (flourishing) Rechtssystem der Vereinigten Staaten, aus dem jeder qualifizierte Richter durch eine interpretative Argumentation alle wünschenswerten Rechte herausarbeiten könne, ohne irgendeine völlig neue Moralanschauung einführen zu müssen.
Aber es gelingt Dworkin nicht, mich vom Vorhandensein eines solchen Wunderlands zu überzeugen.
Wenn das Begehen von Fehlern zu unserer unleugbar schwachen Menschennatur gehört, wenn die Bereitschaft zur Selbsterneuerung und die Bescheidenheit immer als wertvolle Tugenden gepriesen werden, warum weigert sich Dworkin dann zu akzeptieren, daß sich die Rechtsinstitution der Vereinigten Staaten in bestimmten Bereichen tatsächlich als Fehlinstitution dargestellt hat und nicht alle Rechte präexistieren?
Dworkin beginnt seine Theorie zu konstruieren, um ein vorausgesetztes normatives Ziel als einen absoluten, d.h. unverzichtbaren Wert zu erreichen, nämlich das Rückwirkungsverbot. Deshalb ist eine im großen und ganzen gerechte Gesellschaft nach Dworkin immer noch nicht sicher genug für die Bürger. Erst mit dem Entwurf einer von Lord Reid so genannten "Sesam-öffne-dich!"-Rechtskonzeption kann Dworkin ohne Sorge sein. Munzer, der Dworkins Absicht genau erkennt, führt gegen diese Haltung ganz zutreffend an: "My point is rather that, if the rules of a system are generally fair in substance and accessible

to careful inquiry by a competent lawyer, it is neither necessary nor wise to invoke the myth that all legal rights preexist"[22].

Dworkin hat eine solche Theorie formuliert, nur weil er als der "vornehmste" Verteidiger der Bürgerrechte der Versuchung der vom alten "noble dream" versprochenen Seligkeit nicht widerstehen konnte und sein Vaterland als Lehrer der Gerechtigkeit für die ganze moderne Welt ihn als einen stolzen und patriotischen amerikanischen Bürger begeistert. Diese Strategie von Dworkin ist aber m.E. ein Irrweg.

Ich war immer bestrebt, diesem berühmten Rechtsdenker, der sich wegen seines beeindruckenden, enthusiastischen Einsatzes für die Bürgerrechte einen Ruf machte, durch umsichtiges Nachdenken eine gerechte Würdigung zuteil werden zu lassen. Es sei mir gestattet, meine philosophischen Untersuchungen hier mit einigen Worten von Hart vorläufig abzuschließen:

"In the conclusion let me say this. I have portrayed American jurisprudence as beset by two extremes, the Nightmare and the Noble Dream: the view that judges always make and never find the law they impose on litigants, and the opposed view that they never make it. Like any other nightmare and any other dream, these two are, in my view, illusions .... The truth, perhaps unexciting, is that sometimes judges do one and sometimes the other"[23].

Dworkin schildert uns seinen sehr vornehmen Traum, dessen Welt zu betreten ich mir jedoch leider versagen muß!

---

22 Stephen R. Munzer, Right Answer, Preexisting Rights, and Fairness, in: Georgia Law Review, Vol. 11 (1977), S. 1055-1068; S. 1067.

23 Hart, American Jurisprudence through English Eyes: The Nightmare and the Noble Dream (wie Anm. 17), S. 989.

Verzeichnis der Schriften Ronald Dworkins

Social Rules and Legal Theory, in: Yale Law Journal, Vol. 81 (1972), S. 855-890.

Hard Cases, in: Harvard Law Review, Vol. 88 (1975), S. 1057-1109.

No Right Answer?, in: Law, Morality, and Society, Edited by P. M. S. Hacker und Joseph Raz, Oxford: Clarendon Press 1977, S. 58-84.

Taking Rights Seriouly, Cambridge (Massachusetts): Harvard University Press 1978; deutsch: Bürgerrechte ernstgenommen, übers. von Ursula Wolf, Frankfurt a. M.: Suhrkamp 1990.

"Natural" Law Revisited, in: Florida Law Review, Vol. 34 (1982), S. 165-188.

Law as Interpretation, in: Critical Inquiry, Vol. 9 (1982), S. 179-200.

In Defense of Equality, in: Social Philosophy and Policy, Vol. 1 [1983], S. 24-40.

Reagan's Justice, in: The New York Review of Law (8. 11. 1984), S. 27-31.

A Reply by Ronald Dworkin, in: Ronald Dworkin and Contemporary Jurisprudence (hrsg. von Marshall Cohen), Totowa (New Jersey): Rowman & Allanheld 1984.

Law's Ambition for Itself, in: Virginia Law Review, Vol. 71 No. 2 (1985), S. 173-187.

A Matter of Principle, Cambridge (Massachusetts): Harvard University Press 1985, S. 168.

Law's Empire, Cambridge (Massachusetts): Harvard University Press 1986.

Verzeichnis der Sekundärliteratur

Alexy, Robert: Theorie der Grundrechte, Frankfurt a. M.: Suhrkamp 1986.

Bell, Richard: Understanding the Model of Rules: Toward a Reconciliation of Dworkin and Positivism, in: Yale Law Journal, Vol. 81 (1972), S. 912-948.

Bergbohm, Karl: Jurisprudenz und Rechtsphilosophie, 1. Band, Glashütten im Taunus: Detlev Auvermann KG 1973 (Unveränderter Nachdruck der Ausgabe Leipzig 1892).

Bittner, Claudia: Recht als interpretative Praxis - Zu Ronald Dworkins allgemeiner Theorie des Rechts; Schriften zur Rechtstheorie, Heft 131, Berlin: Duncker & Humblot 1988.

Bix, Brian S.: Book Note - Dancing in the Dark: The Philosophical Moves of Ronald Dworkin, in: Harvard Journal on Legislation, Vol. 23 (1986), S. 307-323.

Blumenwitz, Dieter: Einführung in das anglo-amerikanische Recht, München: C. H. Beck [4]1990.

Bodenheimer, Edgar: Hart, Dworkin, and the Problem of Judicial Lawmaking Discretion, in: Georgia Law Review, Vol. 11 (1977), S. 1143-1172.

Brilmayer, R. Lea: The institutional and empirical Basis of the Rights Thesis, in: Georgia Law Review, Vol. 11 (1977), S. 1173-1199.

Brilmayer, R. Lea und Nickel, James W.: Book Review for "Taking Rights Seriously", in: Columbia Law Review, Vol. 77 (1977), S. 818-826.

Brugger, Winfried: Rezension zu Ronald Dworkin, Taking Rights Seriously, in: ARSP, Bd. 67 (1981), S. 558-561.

- Rezension zu Dworkins "Bürgerrechte ernstgenommen", in: ARSP, Bd. 71 (1985), S. 123-128.

Davies, Howard und Holdcroft, David: Jurisprudence, London: Butterworths 1991.

Dreier, Ralf: Recht - Staat - Vernunft, Frankfurt a. M.: Suhrkamp 1991.

Engisch Karl: Einführung in das juristische Denken, Stuttgart / Berlin / Köln: Kohlhammer [8]1989.

Esser, Josef: Grundsatz und Norm in der richterlichen Fortbildung des Privatrechts, Tübingen: J. C. B. Mohr (Paul Siebeck) 1956.

Fish, Stanley: Working on the Chain Gang: Interpretation in the Law and in Literay Criticism, in: Critical Inquiry, Vol. 9 (1982), S. 201-216.

Greenawalt, Kent: Policy, Rights, and Judicial Decision, in: Ronald Dworkin and Contemporary Jurisprudence (hrsg. von Marshall Cohen), Totowa (New Jersey): Rowman & Allanheld 1984.

Griffiths, John: Book Review - Legal Reasoning from the external and the internal Perspectives in: New York University Law Review, Vol. 53 (1978), S. 1123-1149.

Guest, Stephen: Ronald Dworkin, Edinburgh: Edinburgh University Press 1992.

Harris, J. W.: Legal Philosophies, London: Butterworths 1980.

Hart, Herbert Lionel Adolphus: The Concept of Law, Oxford: Oxford University Press [2]1972.

- American Jurisprudence through English Eyes: The Nightmare and the Noble Dream, in: Georgia Law Review, Vol. 11 (1977), S. 969-989.

- Essays in Jurisprudence and Philosophy, Oxford: Oxford University Press 1983.

Heidelmeyer, Wolfgang (Hrsg.): Menschenrechte Paderborn, / München / Wien / Zürich: UTB Schöningh [3]1982.

Hutchinson, Allan C. und Wakefield, John N.: A Hard Look at "Hard Cases": The Nightmare of a Noble Dreamer, in: Oxford Journal of Legal Studies, Vol. 2 (1982), S. 86-110.

Kaufmann, Arthur: Analogie und "Natur der Sache" - Zugleich ein Beitrag zur Lehre vom Typus, in: Rechtsphilosophie im Wandel, Köln / Berlin / Bonn / München: Carl Heymanns Verlag KG 1972.

Larenz, Karl: Methodenlehre der Rechtswissenschaft, Berlin: Springer-Verlag [2]1992.

Levinson, Standford: Taking Law Seriously: Reflection on "Thinking Like a Lawyer", in: Stanford Law Review, Vol. 30 (1978), S. 1071-1109.

Liu, Chin-Re und Sa, Meng-Wu: Die Verfassungen und die Regierungen der westlichen demokratischen Staaten (Chinesischer Buchtitel), Taipei: San-Min Verlag 1978.

Mackie, John: The Third Theory of Law, in: Ronald Dworkin and Contemporary Jurisprudence (hrsg. von Marshall Cohen), Totowa (New Jersey): Rowman & Allanheld 1984.

Mackie, John Leslie: Ethik - Auf der Suche nach dem Richtigen und Falschen, übersetzt von Rudolf Ginters, Stuttgart: Reclam 1983.

Mandel, Michael: Dworkin, Hart, and the Problem of Theoretical Perspektive, in: Law and Society Review, Vol. 14 (1979), S. 57-82.

Munzer, Stephen R.: Right Answer, Preexisting Rights, and Fairness, in: Georgia Law Review, Vol. 11 (1977), S. 1055-1068.

Munzer, Stephen R. und Nickel, James W.: Does the Constitution Mean what it always Meant?, in: Columbia Law Review, Vol. 77 (1977), S. 1029-1062.

Nickel, James W.: Dworkin on the Nature and Consequences of Rights, in: Georgia Law Review, Vol. 11 (1977), S. 1115-1142.

Nolan Joseph R. und Connolly, M. J. (Hrsg.): Black's Law Dictionary St. Paul (Minnesota): West Publishing CO. [5]1979.

Pannick, David: A Note on Dworkin and Precedent, in: Modern Law Review, Vol. 43 (1980), S. 36-44.

Radbruch, Gustav: Der Geist des Englischen Rechts, Göttingen: Vandenhoeck & Ruprecht 1958.

- Gesetzliches Recht und übergesetzliches Recht, in: Rechtsphilosophie (hrsg. von Erik Wolf und Hans-Peter Schneider), Stuttgart: K. F. Koehler [8]1973.

Rawls, John: A Theory of Justice, Cambridge (Massachusetts): Harvard University Press 1971.

Raz, Joseph: Legal Principles and the Limits of Law, in: Yale Law Journal, Vol. 81 (1972), S. 823-854.

- Professor Dworkin's Theory of Rights, in: Political Studies, Vol. 26 (1978), S. 123-137.

- The Authority of Law - Essays on Law and Morality, Oxford: Clarendon Press 1979.

- The Claim of Reflective Equilibrium, in: Inquiry, Vol. 25 (1982), S. 307-330.

Regan, Donald H.: Glosses on Dworkin: Rights, Principles and Policies, in: Ronald Dworkin and Contemporary Jurisprudence (hrsg. von Marshall Cohen), Totowa (New Jersey): Rowman & Allanheld 1984.

Rosenbaum, Wolf: Naturrecht und positives Recht, Neuwied und Darmstadt: Hermann Luchterhand 1972.

Schwartz, Adina: Moral Neutrality and Primary Goods, in: Ethics, Vol. 83 (1973), S. 294-307.

Seuffert, Walter: Rezension zu Bürgerrechte ernstgenommen, in: ZRP 1985, S. 38-39.

Schi, Juan-Kang: Rawls (Chinesischer Buchtitel), Taipei: Dung-Da Verlag 1989.

Smith, M. B. E.: Rights, Right Answer, and the Constructive Model of Morality, in: Social Theory and Practice, Vol. 5 No. 3-4 (1980), S. 409-426.

Umana, John: Dworkin's "Rights Thesis", in: Michigan Law Review, Vol. 74 (1976), S. 1167-1199.

Weinberger, Ota: Die Naturrechtskonzeption von Ronald Dworkin, in: Das Naturrechtsdenken heute und morgen - Gedächtnisschrift für René Marcic, Berlin: Duncker & Humblot 1983.

Wesel, Uwe: Juristische Weltkunde, Frankfurt a. M.: Suhrkamp [5]1990.

Zippelius, Reinhold: Rechtsphilosophie, München: C. H. Beck [2]1989.

- Juristische Methodenlehre, München: C. H. Beck [5]1990.

Ausführliches Inhaltsverzeichnis

Vorwort 5

Inhaltsverzeichnis 7

0 Einleitung 9

0.1 Ziele der Untersuchung 9
0.2 Der Schutz der Rechte im Vordergrund 10
0.3 Thematik und Gliederung der Arbeit 11

1 Zwei Besonderheiten von Dworkins Rechtstheorie 15

1.1 Regionalität 15

1.1.1 Das Widerstandsrecht als Prüfstein: Moralische oder institutionelle Berechtigung? 15
1.1.1.1 Die Abgrenzung von Dworkins Fragestellung 17
1.1.2 Ursachen der Mißdeutung 17
1.1.3 Rechte durch Institutionen der Vereinigten Staaten 18
1.1.4 Vertrauen in den gerechten Charakter des Staates 21
1.1.4.1 Ein Zweck, aber unterschiedliche Mittel 22
1.1.4.2 Eine Rechtstheorie für das Hier und Jetzt 23

1.2 Die Teilnehmerperspektive 24

1.2.1 Die überwiegende Wichtigkeit der Justiz 25
1.2.2 Die Argumentation des Richters bestimmt das Recht 25
1.2.3 Der innerrechtliche Maßstab der Richtigkeit 26

2	**Das Ideal des lückenlosen Rechtsschutzes**	**29**
2.1	**Die unterschiedlichen Rollen und Funktionen von Justiz und Legislative**	**29**
2.1.1	Die Erwartung der Bürger im Gerichtssaal	29
2.1.2	Die Voraussetzung für das Rückwirkungsverbot	30
2.1.2.1	Institutionelle Autonomie...	31
2.1.3	... eine alte und veraltete Idee	31
2.1.4	Kritik am alten Ideal	33
2.1.5	Ein neuer Versuch der Rehabilitierung des alten Ideals	33
2.2	**Zwei Feinde der Bürgerrechte**	**34**
2.2.1	Der Pragmatismus: "Kein Recht und Keine Rechte"	35
2.2.2	Der Konventionalismus: "Das Recht als 'plain fact'"	37
2.2.2.1	Warum ist die Rule-book-Konzeption attraktiv?	38
2.2.3	Die Unzulänglichkeit des Konventionalismus	39
2.2.3.1	"Kein Anspruch auf Rechte" als Ausgangspunkt von Dworkins Kritik am Ermessen	40
2.2.4	Die Ankündigung der Rechtsprinzipien	42
3	**Die Prinzipienargumentation und ihre Probleme**	**45**
3.1	**Prinzipienermittlung durch Analogie**	**45**
3.1.1	Die Schließung der Rechtslücken durch die Prinzipien	45
3.1.2	Der Fall "Dronenburg"	46
3.1.3	Abstraktion	48

3.1.4 Analogie durch Generalisierung 49

3.2 Verbesserung des Rechtsschutzes ohne Änderung des Rechts 51

3.2.1 Erweiterung der Rechte anhand des existierenden Rechts 51

3.2.2 Konsistente Handlungsweise des Staates als Ziel 52

3.2.3 "Law beyond Law" 53

3.2.3.1 "Law works itself pure"! 53

3.2.3.2 Die Bedeutung von "overruling": keine Rechtsschöpfung 54

3.3 Analogie als Rechtsschöpfung? 55

3.3.1 Die Analogie im deutschen Rechtssystem 56

3.3.2 Die Analogie in den Fallrechtssystemen 57

3.3.2.1 Durch analogisches Vorgehen gewonnene Prinzipien als außerrechtliche Maßstäbe 58

3.3.3 Qualifikationen zum Rechtsprinzip 60

3.3.3.1 Rücksicht auf die *ganze* Rechtstradition 61

3.3.3.2 Nur eine einzige richtige Interpretation 62

3.4 Die Bildung der Fallgruppen als der umstrittenste Schritt im interpretativen Unternehmen 63

3.4.1 Welche Fälle sind wesentlich gleich? 63

3.4.2 Der Fall "McLoughlin" 64

3.4.3 Worum geht es in einem Fall? 66

3.4.4 Die Notwendigkeit der Wertung bei der Feststellung eines Problemkreises 67

4	**Die Bedeutung von Dworkins Right-answer-These**	69
4.1	**Die moralische Attraktivität der Right-answer-These**	69
4.2	**Der Weg der Negation**	70
4.2.1	Doppelte Herausforderung an Dworkins Adresse	70
4.2.2	Die grundlegende These des externen Skeptizismus	71
4.2.3	Der Status wertender Äußerungen	72
4.2.4	Dworkins Erwiderung auf die skeptische Kritik	73
4.2.4.1	Das "natürliche Modell"	74
4.2.4.2	Der Sinn der Übereinstimmung bei Dworkin	75
4.2.4.3	Wahrheit ohne Beweis	76
4.2.5	Was die "richtige Antwort" *nicht* ist	78
4.3	**Die konstruktive Interpretation**	79
4.3.1	Ablehnung der sogenannten "subjektiven Auslegung"	79
4.3.2	Institutionell gesetzte Schranken und der Spielraum des Interpreten	80
4.3.3	"Considered judgements" und Theorie im Überlegungsgleichgewicht	81
4.3.4	Ein kompliziertes Überlegungsgleichgewicht	83
4.3.5	Die von der Institution des Rechts gesetzte Schwelle	85
4.3.6	Die Amtstätigkeit des interpretierenden Richters: kein Philosophieren im freien Feld	87

4.4	**Die einzige richtige Antwort im institutionellen Rahmen**	87
4.4.1	"Narrative Consistency" als Kriterium	88
4.4.2	Immer durch die "narrative consistency" entschieden?	89
4.4.3	Das richterliche Urteil: Folge einer konsistenten Tradition?	91
4.4.4	Only your right answer?	93
4.5	**Die einzig richtige Antwort als Wertbegründungsfrage**	95
4.5.1	Jenseits der herkömmlichen Wahrheitsanschauung	95
4.5.1.1	Die Grundlagen der Wahrheit von Aussagen	96
4.5.1.2	Wahrheitsanspruch aufgrund persönlicher Überzeugungen	97
4.5.2	Neue oder alte Wertbegründungsmethode?	99
4.5.3	Eine Ethik der Rechtsprechung	100
5	**Die Konsistenz der amerikanischen Rechtspraxis**	101
5.1	**Justiz als Bühne für politischen Streit**	101
5.1.1	Der "Alptraum" und der "vornehme Traum"	101
5.1.1.1	"The Nightmare" - Das politisierende Verfassungsgericht	101
5.1.2	Die Herausforderung des internen Skeptizismus	103
5.2	**Testfall: Sklaverei und Diskriminierung**	104
5.2.1	Eine harte Probe für die interpretative Konzeption	104
5.2.2	Rechtlich vorgeschriebene Rassendiskriminierung	105
5.2.3	Das Beispiel der "Fugitive Slave Acts"	106
5.2.4	Nur Rechtsprinzipien zugunsten der Sklaverei	107
5.2.5	Die Bedeutung der "Fehler"	109

5.3 Verteidigung Dworkins aus der Sicht der interpretativen Betrachtungsweise 109

5.3.1 Das Bekenntnis zum Schutz der Menschenrechte in der Verfassung 109
5.3.2 Keine Änderung des amerikanischen Verfassungsrechts? 111
5.3.2.1 Nominelle Kontinuität 112
5.3.3 "Conceptions of one Concept" 113
5.3.3.1 Die abstrakte Kernbedeutung des Begriffs 114
5.3.3.2 Die Zeitlichkeit unserer Vorstellung vom Begriffsinhalt 116
5.3.4 Viele zeitgemäß richtige "Konzeptionen"? 117
5.3.4.1 Dworkins Dilemma 119
5.3.5 Benutzung des "unbestimmten Rechtsmaterials" 120
5.3.5.1 Wie läßt eine "Konzeption" sich als richtig vertreten? 121
5.3.5.2 Die nie durchgeführte Verfassung vor 1954 122
5.3.5.3 Nur geschriebene, nicht praktizierte Tradition 123
5.3.6 Die Basis der kritischen Würdigung 124

6 Kritische Würdigung unter zwei Aspekten 125

6.1 Frage nach der Zweckmäßigkeit von Dworkins Rechtskonzeption 125

6.1.1 Was ist die Ursache für die verbesserte Einsicht in den Rechtsbegriff? 125
6.1.2 Rechtssicherheit nur in der *Theorie* 126

6.2 Konservatismus 127

6.2.1 Wünschenswerte Kursänderung in der Justiz 127
6.2.2 Eine Rechtstheorie für den status quo 129
6.2.3 *Teil*integrität? 130
6.2.4 Ursache der Zuversicht 132
6.2.5 "Der vornehmste Träumer" 133

6.3 Bemerkung zur Frage des generellen Verbots der richterlichen Rechtsschöpfung 134

6.3.1 Gelegentliche Rechtsschöpfung oder absolutes Rückwirkungsverbot? 134
6.3.2 Das günstige Umfeld für die Verwirklichung der Gerechtigkeit 135
6.3.3 Die Grenze der Rechtssicherheit 136

6.4 Schlußwort 138

Verzeichnis der Schriften Ronald Dworkins 141
Verzeichnis der Sekundärliteratur 141
Ausführliches Inhaltsverzeichnis 145

Peter Lang · Europäischer Verlag der Wissenschaften

Martina Plümacher

Identität in Krisen

Selbstverständigungen und Selbstverständnisse der Philosophie in der Bundesrepublik Deutschland nach 1945

Frankfurt/M., Berlin, Bern, New York, Paris, Wien, 1995. 455 S.
Philosophie und Geschichte der Wissenschaften. Studien und Quellen. Herausgegeben von Hans Jörg Sandkühler und Pirmin Stekeler-Weithofer. Bd. 30
ISBN 3-631-48719-3 · br. DM 108.–*

Ist Philosophie eine Wissenschaft? Welchen Status hat ihr Wissen und das Philosophieren gegenüber den „positiven" Wissenschaften? Fragen nach der Rolle der Philosophie im universitären Lehr- und Forschungszusammenhang und ihrem Verhältnis gegenüber den empirischen Wissenschaften sind seit Anfang des 19. Jahrhunderts ins Zentrum der philosophischen Identitätsbestimmung gerückt. Diese Studie verfolgt die Selbstverständnisdiskussion der Philosophie in der Bundesrepublik Deutschland nach 1945 in einer Auseinandersetzung mit philosophiehistorischen Traditionen sowie bildungs- und wissenschaftspolitischen Zielsetzungen und wissenschaftstheoretischen Debatten. Sie verdeutlicht, daß Probleme der Identitätsbestimmung wesentlich aus philosophischen Problemen mit der Konzeption empirischer Wissenschaft erwachsen.
Aus dem Inhalt: Philosophische Identitätsfindung im Spannungsverhältnis zwischen neuhumanistischem Bildungsverständnis, Wissenschafts- und Philosophieideal des Deutschen Idealismus sowie der auf Abgrenzung gegenüber empirischer Naturwissenschaft bedachten Philosophie der Geisteswissenschaften · Wandlung der Zielsetzungen im Zuge der wissenschaftlich-technischen Revolution · Positivismusstreit · Annäherungen zwischen geisteswissenschaftlich-hermeneutischer und analytisch-wissenschaftstheoretischer Philosophie · Probleme philosophischer Identitätsbestimmung

Frankfurt/M · Berlin · Bern · New York · Paris · Wien
Auslieferung: Verlag Peter Lang AG
Jupiterstr. 15, CH-3000 Bern 15
Telefax (004131) 9402131
*inklusive Mehrwertsteuer
Preisänderungen vorbehalten

FSC
www.fsc.org
MIX
Papier | Fördert
gute Waldnutzung
FSC® C083411

Kolibri 360 GmbH
Ferdinand-Jühlke-Straße 7
99095 Erfurt, Deutschland
produktsicherheit@kolibri360.de

Druck:
CPI Druckdienstleistungen GmbH
im Auftrag der
Kolibri 360 GmbH
Ferdinand-Jühlke-Str. 7
99095 Erfurt